Ammar Wisam Altaher

Virtualização Servidores hipervisores

Ammar Wisam Altaher

Virtualização Servidores hipervisores

Noções básicas, conceitos e métodos

ScienciaScripts

Cover image: www.ingimage.com

This book is a translation from the original published under ISBN 978-620-2-07907-5.

Publisher:
Sciencia Scripts
is a trademark of
Dodo Books Indian Ocean Ltd. and OmniScriptum S.R.L publishing group

120 High Road, East Finchley, London, N2 9ED, United Kingdom
Str. Armeneasca 28/1, office 1, Chisinau MD-2012, Republic of Moldova, Europe
Printed at: see last page
ISBN: 978-620-8-01653-1

Conteúdo

Prefácio

Há já algum tempo que se reconhece que uma das abordagens mais ideais para melhorar a segurança da virtualização é reduzir a superfície de ataque. Os hipervisores de tipo 1 são muito mais pequenos do que os hipervisores de tipo 2, pelo que a sua superfície de ataque é reduzida. Como se isso não bastasse, os hipervisores de tipo 1 também tendem a ter um desempenho melhor do que os seus parceiros de tipo 2, porque os recursos não são consumidos por uma estrutura-mãe inchada.

Assim, quando se trata de segurança de virtualização, uma das considerações mais essenciais é o seu hipervisor. Uma vez que conhecemos alguns dos mitos sobre as estratégias de ataque do hipervisor, pode preparar-se para as vulnerabilidades de segurança da virtualização que existem na sua organização. Máquinas

A virtualização tornou-se uma tendência incontornável nas TI, prometendo não só uma melhor utilização dos recursos, mas também facilidade de gestão, custos mais baixos, sistemas mais flexíveis e até contas de eletricidade mais baixas.

Mas amontoar várias máquinas virtuais num único servidor físico apresenta um risco. Se os piratas informáticos conseguirem penetrar no software que orquestra todo o ambiente virtual - o hipervisor, ou monitor de máquinas virtuais - podem assumir o controlo de todas as máquinas virtuais que controla, bem como de todos os dados nelas armazenados.

Prefácio

Neste livro, tentamos destacar alguns requisitos de segurança para os tipos de hipervisor em termos de acessibilidade, desempenho e escalabilidade. Também mencionamos como a organização pode avaliar a vulnerabilidade do hipervisor com algumas tácticas para proteger o ambiente virtual. Este livro pretende ser um guia para o hipervisor. A interface com os convidados paravirtualizados é descrita em pormenor, bem como os aspectos internos do próprio hipervisor.

Panorama e organização

Este livro está dividido em três partes. A primeira parte descreve a análise da atribuição de memória entre máquinas virtuais e a vulnerabilidade do hipervisor, enquanto a segunda parte examina as tácticas de segurança virtual para hipervisores e a parte final trata dos ataques contra o próprio hipervisor.

Alguns destes trabalhos foram publicados no The European Journal of Technical and Natural Sciences (http://ppublishing.org/ru/journals/770/) , XIII -th International Scientific Conference "Achievements and problems of modern science" Conference will be held on November 4 2016 (http://globus-science.ru/Archive/new/Globus Multi_November_2016_part_I.pdf) , e em: Научно-издательский центр "Апробациятjournal in Russia .

Agradecimentos

Em nome de Deus, o Clemente, o Misericordioso

Comecei a escrever este livro no final do terceiro ano do meu doutoramento. Em primeiro lugar, louvo Alá, o Todo-Poderoso, de quem dependemos para o nosso sustento e orientação. Em primeiro lugar, louvo Alá, Todo-Poderoso, de quem dependemos para o nosso sustento e orientação. Em segundo lugar, louvo Wisam Altaher, cuja orientação, apoio atencioso e comentários construtivos marcaram a minha vida. Estou eternamente grato à minha família, à minha mãe e aos meus irmãos, à minha adorável esposa, Dra. Samah Hassen, e ao meu filho Ridha.

Primeira parte

Análise da atribuição de memória entre máquinas virtuais como uma capacidade de hipervisor

O estado da virtualização Conceito de hipervisor

Nesta secção, faremos uma descrição completa do conceito de hipervisor. Para além disso, iremos decompor os principais tipos de hipervisor e apresentaremos também uma descrição técnica dos principais componentes.

A computação em nuvem tornou-se popular há relativamente pouco tempo, devido ao facto de fornecer uma quantidade suficientemente grande de capacidade de computação. O cliente não tem de comprar equipamento dispendioso, mas simplesmente "alugá-lo" durante um determinado período de tempo, consoante as necessidades do cliente. De seguida, apresentamos os termos básicos que descrevem a essência da computação em nuvem.

O objetivo do nosso livro é analisar os pontos fracos dos tipos de alocação de memória para máquinas virtuais e a forma como podem conduzir a possíveis ataques ao hipervisor, bem como responder à questão de saber porque é importante utilizar o HyperV. Vamos analisar os tipos mais comuns de hipervisor que podem ser instalados num computador pessoal comum. Isto corresponde às características do Microsoft Hyper-V, um exemplo de hipervisor.

Palavras-chave: Hipervisor, Computação em nuvem, Virtualização, Servidores virtuais, Máquinas virtuais, Caixa virtual, Sistemas operativos (SO), Rede de área de armazenamento (SAN), Mapeador de rede (NMAP), Negação de serviço (DoS).

1.1 Gestão do ambiente virtual

Ameaças a um sistema de gestão de ambiente virtual, em particular aos componentes de software do servidor e do cliente que permitem o controlo local ou remoto dos parâmetros do hipervisor e da máquina virtual. As máquinas virtuais Sami, por incluírem software de sistema e de aplicação, são também muito vulneráveis. Graças a soluções integradas na plataforma virtual e concebidas para garantir a segurança de várias máquinas virtuais, alguns dos seus componentes podem ser protegidos. O grande perigo é que o proprietário da informação, por exemplo, não tenha conhecimento da virtualização e, por isso, não tenha em conta os riscos, ou tenha conhecimento mas não tenha informação sobre o dispositivo de virtualização - esta situação também pode levar a erros na avaliação dos riscos. Todos estes factores devem ser tidos em conta na criação de um sistema de proteção global para os mecanismos de virtualização.

Os hipervisores tornaram-se uma parte importante dos ambientes empresariais e, embora normalmente devam reduzir a superfície de ataque, os especialistas alertam para o facto de poderem ser afectados por vulnerabilidades de segurança que podem ser exploradas por agentes maliciosos.

Rafal Wojtczuk, um investigador da Bromium especializado em segurança do kernel e da virtualização, subiu ao palco da conferência de segurança Black Hat USA 2014, em Las Vegas, para apresentar as "lições aprendidas em oito anos de quebra de hipervisores".

Wojtczuk explica que as vulnerabilidades graves dos hipervisores são relativamente raras, mas existem. De facto, em março de 2014, o investigador descobriu um total de quatro vulnerabilidades que afectam o VM VirtualBox da Oracle, que foram corrigidas pela empresa com o Critical Patch Update (CPU) de julho de 2014.

O investigador descobriu um problema de corrupção de memória no vbsfBuildFullPath, uma fuga de dados através do VMMDevHGCMParmType_LinAddr_Out, uma falha de passagem de diretório numa pasta partilhada e um frontend para escalonamento do kernel no anfitrião. As primeiras três vulnerabilidades podem ser exploradas por um atacante com privilégios de kernel na máquina virtual, enquanto a quarta pode ser explorada por um utilizador sem privilégios no anfitrião para aceder ao kernel do anfitrião.

Para além de descrever as causas profundas das vulnerabilidades, muitas das quais, na sua opinião, poderiam ter sido facilmente evitadas, o Sr. Wojtczuk também forneceu informações sobre os métodos que podem ser utilizados para atenuar estas falhas de segurança e reduzir a superfície de ataque dos hipervisores.

Na sua apresentação na Black Hat, o Sr. Wojtczuk destacou os vectores, ou pontos fracos, que podem ser explorados em ataques contra hipervisores.

"Qualquer código que processe entradas controladas por um atacante é potencialmente vulnerável. O núcleo do hipervisor (código próximo do manipulador vmexit), o modelo do dispositivo, serviços privilegiados adicionais relacionados com o hipervisor são todos vectores de ataque", disse Wojtczuk à SecurityWeek numa entrevista antes da sua apresentação na Black Hat.

De acordo com o especialista, se um hipervisor for utilizado para isolar o código não fiável executado numa máquina virtual do resto do sistema, a exploração bem sucedida de uma vulnerabilidade do hipervisor quebra este isolamento e permite a um atacante aceder a todos os recursos disponíveis no hipervisor. Indiretamente, isto dá ao atacante o controlo total sobre a máquina visada.

1.2 hipervisor

Agora é necessário analisar a estrutura interna da computação em nuvem. Como mostra a descrição acima, a computação em nuvem é uma combinação de hardware e software. O software instalado neste último deve ser suficientemente rápido para fornecer recursos informáticos a pedido de cada cliente. A tecnologia de virtualização foi desenvolvida com este objetivo em mente.

A virtualização é geralmente aplicada a recursos físicos de hardware, combinando vários recursos físicos em conjuntos partilhados a partir dos quais os utilizadores recebem recursos virtuais. Com a virtualização, um recurso físico pode transformar-se em vários recursos virtuais.

Além disso, os recursos virtuais podem ter funções ou características que não existem nos recursos físicos originais.

O principal elemento da computação em nuvem é o hipervisor. Hipervisor - um sistema operativo especializado que é responsável pela atribuição de recursos. Ao contrário dos sistemas operativos convencionais, o esquema pode ser representado pelo hipervisor.

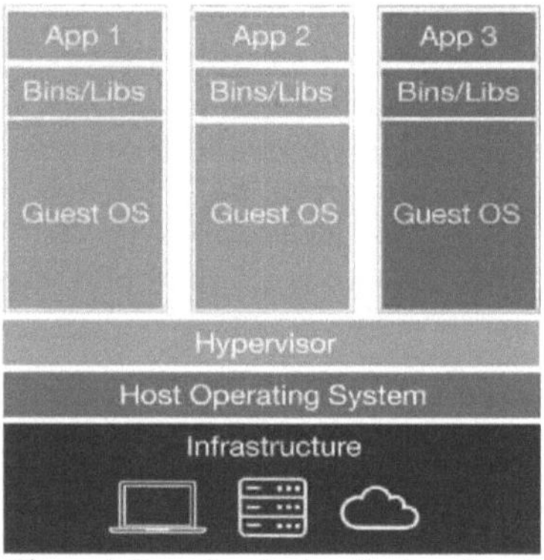

Figura 1 Organização da máquina virtual

1.2.1 Visão geral dos hipervisores

Existem dois tipos de hipervisor:

Os hipervisores de tipo 1 são executados diretamente no hardware do sistema. Os hipervisores de tipo 2 são executados sobre o sistema operativo de base, que fornece serviços de virtualização como a gestão de E/S e de memória.

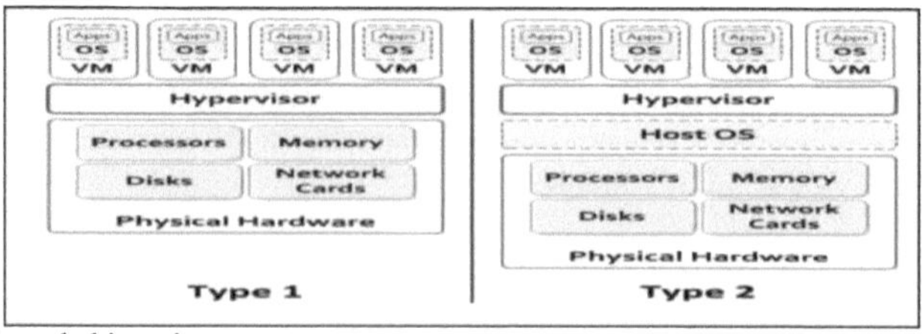

Figura 2 Tipos de hipervisor

1.2.2 Hipervisores de cliente

Microsoft Hyper-V - referido como o primeiro tipo de hipervisor, ou seja, a execução de um hipervisor em "bare metal".

Os hipervisores do primeiro tipo são tecnologicamente mais complexos, mas também mais eficientes na medida em que garantem o mínimo de sobrecarga e o máximo isolamento das máquinas virtuais, porque ganharam reconhecimento num ambiente de servidor.

O hipervisor da Microsoft requer um sistema operativo pai ou de raiz (por vezes também designado por "secção"), no qual é efetivamente construído. Este sistema operativo, respetivamente, encontra-se numa situação especial, até porque, apesar de estar parcialmente virtualizado, continua a ter acesso ao acelerador gráfico e a outros componentes.

1.3 Gestão da memória

O principal objetivo da máquina virtual é atribuir recursos ao utilizador de acordo com as suas necessidades. Deve ser dada especial atenção à atribuição de memória. Este é um dos principais pontos de segurança para a organização quando utiliza a computação virtual.

Em geral, um único servidor físico pode ser utilizado para criar várias máquinas virtuais. Existem várias abordagens para a atribuição de memória.

- Partilha de memória entre processos de "partilha de páginas".
- Atribuição dinâmica de memória em tempo de execução
- compressão de dados

1.4 Como escolher o melhor hardware para virtualização

Dizer que a virtualização mudou a forma como as empresas utilizam e compram hardware é um eufemismo. É muito mais fácil instalar uma nova máquina virtual num hardware existente do que comprar e aprovisionar um servidor físico para satisfazer uma nova carga de trabalho. No entanto, embora a vitalização nos tenha permitido abstrair as cargas de trabalho do hardware subjacente, estes recursos físicos continuam a ser a espinha dorsal de qualquer centro de dados. Sem uma base sólida de recursos de hardware, os estrangulamentos e os problemas de contenção de recursos podem paralisar um centro de dados. A facilidade com que os administradores podem aprovisionar uma nova VM pode levar à proliferação de VMs, causando grandes dores de cabeça na rede, uma vez que os administradores lutam para manter o controlo dos dispositivos em rede e evitar estrangulamentos na rede.

Os servidores modernos estão equipados com grandes quantidades de memória, várias placas de interface de rede e suporte para armazenamento de estado sólido. Com todas as opções disponíveis, é difícil saber do que é que precisa. Este guia para escolher o melhor hardware para virtualização pode ajudar.

1.4.1-PCU e RAM

Requisitos do processador e da memória

A escolha do melhor hardware para virtualização começa com a memória e os recursos de computação de um servidor. Na maioria das vezes, a memória é o fator limitador do número de máquinas virtuais que um servidor pode alojar. E, como é óbvio, a falta de RAM ou de capacidade de processamento pode ter um impacto direto no desempenho. Em muitos casos, as empresas optam por reutilizar o hardware existente para a virtualização, mas sabe o que procurar quando chega a altura de substituir os servidores mais antigos?

1.4.2- **Ligação em rede**

Opções de hardware de rede

Antes da virtualização, a maioria dos servidores utilizava apenas uma fração da sua largura de banda de rede e uma única placa de interface de rede não tinha problemas em acompanhar o ritmo. Atualmente, com um servidor físico capaz de alojar centenas de máquinas virtuais, a(s) placa(s) de interface de rede de um servidor pode(m) ficar facilmente sobrecarregada(s). Os problemas de rede, como os estrangulamentos de E/S, estão entre os maiores desafios que um administrador de TI enfrenta. A escolha do hardware de rede correto pode ajudá-lo a resolver os seus problemas.

1.4.3- **Armazenamento**

Tendências do equipamento de armazenagem

A tecnologia de armazenamento tem feito grandes progressos nos últimos anos e acompanhar estas tendências é fundamental para ter o melhor hardware para virtualização. O armazenamento compatível com hipervisor, com software integrado que dá aos administradores uma melhor visão das cargas de trabalho virtuais, IOPS de armazenamento e utilização do disco, ajuda a evitar problemas de desempenho antes que estes ocorram. Embora a maioria das infra-estruturas virtualizadas se baseie em armazenamento partilhado, existe agora um movimento crescente para equipar os servidores com armazenamento local, que melhorou e baixou de preço nos últimos anos. Descubra qual a abordagem mais adequada para o seu centro de dados.

1.5 A declaração do problema

O enunciado do problema examina a atribuição de memória e outros recursos, com uma investigação sobre a forma como esta fraqueza conduz a ataques ao hipervisor.

Atribuição de memória Do nosso ponto de vista, as tarefas que utilizam a mesma memória física em máquinas virtuais podem representar um risco para a segurança dos nossos dados. Por exemplo, se utilizarmos o mesmo índice em máquinas diferentes da mesma forma, se estivermos constantemente a reatribuir memória entre processos, podemos ler dados de outra máquina virtual.

Por exemplo, "Criação de páginas de memória" Tipicamente, o processo de atribuição de memória numa máquina virtual. Por exemplo, a área é atribuída em "páginas" de memória, que é gerida pelo hipervisor. Se a quantidade de memória não for suficiente para todos os processos que autorizaram a mesma página, vários processos. Neste caso, é determinado se existem processos a correr sobre os mesmos dados. Neste caso, duas páginas de memória diferentes são combinadas numa só. O processo também cria dois ponteiros para a mesma memória. Se um processo modificar os dados de uma página, o segundo ponteiro é substituído.

1.5.1 Memória de separação

O método mais comum de alocação de memória é alocar um espaço de endereço separado para cada processo. Este método é semelhante à atribuição de memória para cada aplicação. A cada utilizador é atribuído um espaço de disco físico separado. Esta memória é ela própria abstraída do meio físico. Desta forma, a memória pode ser utilizada por diferentes processos.

Desvantagem: esta atribuição de memória pode sobrecarregar seriamente o processador. Acontece que é necessário ter em conta não só os dados de endereço virtual e físico, mas também, e ainda mais importante, as ligações a esta memória para uma máquina virtual.

1.5.2 Atribuição

No entanto, este método de atribuição de memória não é eficiente porque o hipervisor não consegue gerir essa atribuição de memória de forma eficiente. Por exemplo, uma máquina virtual tem uma superabundância de memória (a memória não está a ser utilizada) enquanto outra máquina tem uma escassez. Com este tipo de gestão de memória, é de facto impossível saber o estado atual da memória de cada máquina. Para tornar o processo mais eficiente, foi criado um método de atribuição de memória chamado "balooning" ou "inflação" de memória. Para utilizar este método, é necessário instalar um controlador de mapeamento de memória na máquina virtual. Neste caso, o controlador especial monitoriza o estado da memória nas máquinas virtuais. Se ocorrer uma falta de memória numa das máquinas, a máquina virtual comunica o facto a este controlador especial. O controlador acompanha então a utilização da memória nas outras máquinas virtuais e desbloqueia a memória que não está a ser utilizada nas outras máquinas virtuais.

1.5.3 Memória de troca caótica

Existe outra forma de atribuir memória. Este método baseia-se no princípio de que, se uma das máquinas virtuais estiver desesperadamente com falta de memória, há uma troca caótica de páginas de memória na camada física. Existem várias abordagens para selecionar as páginas de memória a serem trocadas, incluindo uma troca caótica. Esta abordagem pode carregar o hipervisor o suficiente para abrandar o processo de computação, a memória e a otimização dos resultados.

1.5.4 Compressão de memória

A partilha de memória entre processos de máquinas virtuais é difícil e insegura. É por isso que o método de compressão de memória é mais frequentemente UTILIZADO. O hipervisor poderia comprimir os dados de uma página pela metade, depois colocar essa página no disco rígido e salvá-la. No entanto, nesta situação, obtemos o endereço físico da memória da máquina virtual. Os hipervisores devem ter cópias de segurança das páginas das partições do seu disco rígido, porque nem todas as páginas podem ser comprimidas duas vezes.

1.6. Soluções propostas

Como podemos ver, a troca de dados entre máquinas virtuais é a mesma entidade que a transmissão de dados pela Internet. Do nosso ponto de vista, a solução poderia consistir em utilizar o Hyper-V com a página inteligente para o empacotamento e a atribuição de endereços, porque no Microsoft Hyper-V R2 Service Pack 1, a função de memória dinâmica utiliza um processo de balão de memória semelhante ao do VMware vSphere. Os componentes de integração do Hyper-V incorporam uma luz do kernel convidado que permite que uma VM comunique com o anfitrião para reconhecer quais as páginas de memória que estão a ser utilizadas (e quais não estão). Isto permite que o anfitrião adicione ou remova memória de convidado conforme necessário. Como definido abaixo:

1.6.1 Páginas inteligentes" no Hyper-V

O hipervisor Hyper-the V tem o seguinte método de atribuição de memória. Como, na situação padrão, quando uma máquina virtual INICIA, o tamanho máximo de memória alocado. uma quantidade suficientemente grande de memória não é USADA, a máquina virtual pode reiniciar com um tamanho de memória menor.

Esta abordagem foi adicionada ao Windows Server 2012. Este método adapta a máquina virtual para uma instância de memória de cada vez que é utilizada. Este método garante que existe memória suficiente para que a máquina funcione corretamente. Naturalmente, este método não é prático porque a máquina virtual tem de ser reiniciada, o que pode provocar o bloqueio do sistema. A memória no hyper-V é composta pelos seguintes elementos:

RAM de arranque - um parâmetro que especifica a memória necessária para iniciar a máquina virtual. Durante a instalação, este parâmetro deve ter em conta o facto de que a RAM deve ser suficiente para iniciar a máquina virtual e que a quantidade de RAM deve ser reduzida ao mínimo para que haja RAM suficiente para outras máquinas virtuais.

RAM mínima -. Determina a quantidade mínima de memória que deve ser alocada para a máquina virtual após ela ter sido INICIADA. O valor pode ser definido para apenas 32 MB do valor máximo.

RAM máxima -. Especifica a quantidade máxima de memória que pode ser utilizada pela máquina virtual. Tenha em atenção que se o sistema operativo convidado só puder ser executado com 32 GB de memória e esta opção estiver definida para 64 GB, a máquina virtual utilizará um total de 32 GB.

O parâmetro "Memória Buffer" determina a quantidade de memória necessária para atribuir um convidado adicional ao sistema operativo. Dependendo da PERCENTAGEM da memória original. Com o Hyper-the V, existem contadores de desempenho A base de dados calcula a memória primária real utilizada nas aplicações. Em seguida, efectua um cálculo da memória que pretende adicionar. Para o efeito, é utilizada a seguinte fórmula :

A quantidade de memória a adicionar = a quantidade de memória de que realmente necessita / (tamanho da memória intermédia / 100) ;

Peso da memória - um método através do qual o Hyper-V pode determinar como atribuir a memória necessária entre máquinas virtuais.

No Hyper-the V, o Windows Server 2012 terá BE por meio de dois mecanismos: encapsulamento de roteamento genérico e reescrita de IP. Vamos dar uma breve olhada em cada um deles.

Para uma experiência mais rica, pode ligar-se à VM utilizando a Ligação ao Ambiente de Trabalho Remoto (RDC). Com o RDC, a VM tira partido das capacidades presentes no seu PC físico. Por exemplo, se tiver vários monitores, a VM pode apresentar os seus gráficos em todos eles. Da mesma forma, se o seu PC estiver equipado com uma interface multi-toque, a VM pode utilizar esta interface para lhe proporcionar uma experiência tátil. A máquina virtual também tem capacidade multimédia total, explorando os altifalantes e o microfone do sistema físico. O sistema operativo de raiz (ou seja, o sistema operativo Windows principal que gere as máquinas virtuais) também pode partilhar a sua área de transferência e pastas com as máquinas virtuais. Por último, com o RDC, também pode ligar qualquer dispositivo USB diretamente à VM.

Para armazenamento, pode adicionar vários discos rígidos aos controladores IDE ou SCSI disponíveis na máquina virtual. Pode utilizar discos rígidos virtuais (ficheiros .VHD ou .VHDX) ou discos reais que passa diretamente para a máquina virtual. Os VHDs também podem residir num servidor de ficheiros remoto, facilitando a manutenção e a partilha de um conjunto comum de VHDs predefinidos dentro de uma equipa.

O recurso Live Storage Move do Hyper-V permite que suas máquinas virtuais sejam relativamente independentes do armazenamento subjacente. Isto significa que pode mover o armazenamento da VM de um disco local para outro, para uma pen USB ou para um ficheiro partilhado remoto sem ter de encerrar a sua VM. Considero esta funcionalidade muito útil para implementações rápidas: quando preciso de uma VM rapidamente, arranco uma a partir de uma biblioteca de VM mantida numa partilha de ficheiros e, em seguida, movo o armazenamento da VM para o meu disco local.

Outro grande recurso do Hyper-V é a capacidade de tirar instantâneos de uma máquina virtual em execução. Um instantâneo regista tudo sobre a máquina virtual, permitindo-lhe voltar a um ponto anterior na vida de uma VM, e é uma excelente ferramenta para tentar depurar problemas complicados. Ao mesmo tempo, as máquinas virtuais Hyper-V beneficiam de todas as vantagens de gestão do Windows. O Windows Update pode aplicar patches aos componentes do Hyper-V, pelo que não é necessário configurar processos de manutenção adicionais. Além disso, o Windows possui todos os mesmos recursos inerentes à instalação do Hyper-V.

Dito isto, há limites para a utilização da virtualização. As funções ou aplicações que dependem de hardware específico não funcionarão bem numa VM. Por exemplo, o Windows BitLocker e o Measured Boot, que dependem do Trusted Platform Module (TPM), podem não funcionar corretamente numa VM, e os jogos ou aplicações que requerem processamento GPU (sem fornecer uma alternativa de software) também podem não funcionar corretamente. Da mesma forma, as aplicações que dependem de tempos inferiores a 10 ms, ou seja, aplicações de alta precisão sensíveis à latência, como aplicações de mistura de música ao vivo, etc., podem ter dificuldade em funcionar numa VM. O sistema operativo de raiz também é executado no topo da camada de virtualização do Hyper-V, mas é único na medida em que tem acesso direto a todo o hardware. Por este motivo, as aplicações com requisitos de hardware específicos continuam a ser executadas sem problemas no sistema operativo de raiz, mas as aplicações sensíveis à latência e de alta precisão podem continuar a ter problemas de execução no sistema operativo de raiz.

1.7 O problema

O comutador virtual no Hyper-V é um "comutador de camada 2", o que significa que ele comuta (ou seja, determina a rota de um determinado pacote Ethernet) usando os endereços MAC que identificam exclusivamente cada placa adaptadora de rede (física e virtual). O endereço MAC das máquinas de origem e destino é enviado em cada pacote Ethernet e um comutador de camada 2 utiliza-o para determinar para onde deve enviar o pacote de entrada. Um switch virtual externo é conectado ao mundo externo através da placa de rede física. Os pacotes Ethernet de uma VM destinados a uma máquina no mundo externo são enviados através desta placa de rede física. Isso significa que a placa de rede física deve ser capaz de transportar o tráfego de todas as VMs conectadas a esse switch virtual, o que significa que os pacotes que passam pela placa de rede física conterão vários endereços MAC (um para cada placa de rede virtual da VM). Isso é possível em NICs físicas com fio (colocando a NIC em modo promíscuo), mas não em NICs sem fio, porque o canal sem fio estabelecido pela NIC WiFi e seu ponto de acesso só permite pacotes Ethernet com o endereço MAC da NIC WiFi, e nada mais. Por outras palavras, o Hyper-V não seria capaz de utilizar placas de rede WiFi como um switch externo se continuássemos a utilizar a atual arquitetura de switch virtual. O Windows 8 coloca a tecnologia de virtualização Hyper-V ao alcance de todos; os utilizadores veteranos regozijam-se

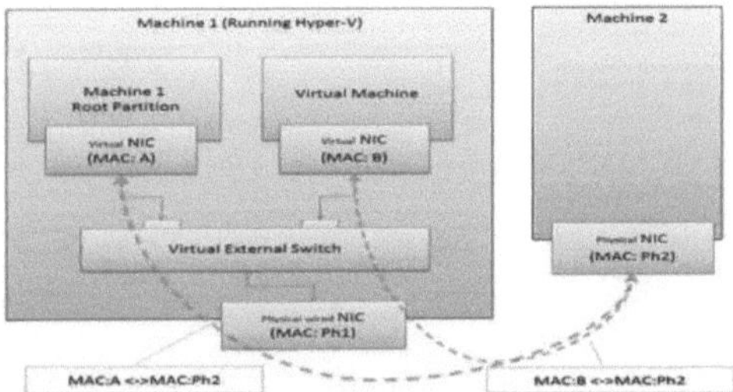

Figura 3: Ligação em rede da VM e da máquina externa utilizando uma ligação com fios

O Windows 8 virá com o software de virtualização Hyper-V integrado no sistema operativo. Até agora, o Hyper-V estava limitado aos produtos de servidor da Microsoft, mas agora os consumidores (quer se importem ou não) poderão executar máquinas virtuais sem terem de descarregar o VirtualBox ou qualquer outro pacote de software de virtualização. A pessoa comum provavelmente não se importará muito, mas os utilizadores avançados ficarão encantados. E se a virtualização puder ser integrada sem problemas para aumentar a segurança (através de sandboxing) e a compatibilidade com as aplicações existentes (por exemplo, através de uma licença XP incluída), poderá ser uma enorme vantagem para os utilizadores casuais, mesmo que não se apercebam disso.

1.7.1 A solução

Para superar essa limitação, usamos a solução Microsoft Bridging, que implementa o proxy ARP (para IPv4) e o proxy Neighbor Discovery (para IPv6) para substituir o endereço MAC da NIC *virtual* pelo endereço MAC do adaptador WiFi para pacotes de saída. A ponte mantém um mapeamento interno entre o endereço IP da placa de rede virtual e seu endereço MAC para garantir que os pacotes do mundo externo sejam enviados para a placa de rede virtual apropriada. O Hyper-V integra a ponte como parte da criação do comutador virtual, de modo que, quando você cria um comutador virtual externo usando um adaptador WiFi, o Hyper-V :

1. Criar uma ponte de adaptador único ligada ao adaptador WiFi
2. Criar o comutador virtual externo
3. Ligue o comutador virtual externo de modo a que este utilize a ponte em vez do adaptador WiFi diretamente.

Neste modelo, a comutação Ethernet ocorre sempre no comutador virtual e a tradução MAC ocorre na ponte. Para o utilizador final que cria uma rede externa, o fluxo de trabalho é o mesmo, quer se seleccione uma placa de interface de rede com ou sem fios

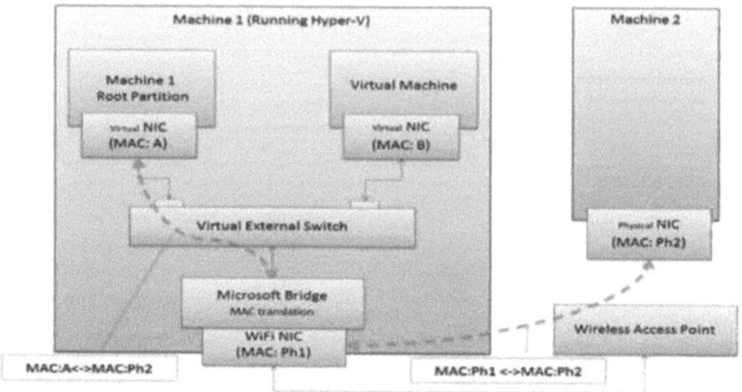

Figura 4: Ligação em rede da VM e da máquina externa utilizando uma ligação WiFi

Em conclusão, ao transferir o Hyper-V do Windows Server para o Cliente Windows, conseguimos fornecer uma tecnologia de virtualização robusta concebida para satisfazer as necessidades de escalabilidade, segurança, fiabilidade e desempenho da maioria dos centros de dados. Com o Hyper-V, os programadores e os profissionais de TI podem agora criar um ambiente mais eficiente e económico para utilizar e testar várias máquinas. Ótimas notícias sobre o suporte ao modo de espera! O suporte para 32 vCPUs e 512GB de RAM também é uma ótima notícia - o suporte para RAM adicional estava visivelmente ausente dos anúncios anteriores do Hyper-V/Win8 (no nosso caso, mais RAM é mais útil do que o suporte para CPUs adicionais). Isso deve manter o Hyper-V funcionando pelos próximos dois anos enquanto os fabricantes de processadores adicionam mais núcleos aos seus processadores. Para o resto de vocês que não tiveram nenhuma experiência prática com o Hyper-V :

(1) O sistema operativo de raiz.

O sistema operativo de raiz mencionado acima é o sistema operativo anfitrião do Windows 8 no qual a máquina arranca, tal como qualquer PC Windows normal. O sistema operativo de raiz/hospedeiro é um sistema operativo Windows normal, como seria de esperar. John estava apenas apontando que, se você estiver fazendo mixagem de áudio de ponta ou usando ferramentas que exigem temporizadores de latência muito baixa, eles podem ter dificuldade em rodar em uma máquina virtual (de qualquer fornecedor, não apenas da MS).

(2) É um hipervisor de tipo 1 ou de tipo 2?

O Hyper-V é um hipervisor de tipo 1 que é executado no bare metal do PC. O sistema operativo anfitrião é "privilegiado" no sentido em que pode comunicar diretamente com o hardware do PC (tal como um sistema operativo não virtualizado). Os sistemas operativos que funcionam em máquinas virtuais, no entanto, não têm acesso direto ao hardware e funcionam numa plataforma de hardware virtualizada. Os sistemas operativos que utilizam controladores "iluminados" (ou seja, Windows, Linux) obtêm um desempenho adicional ao comunicarem diretamente com o disco, a rede e os controladores gráficos do anfitrião, contornando grande parte da infraestrutura de hardware virtual, o que resulta num desempenho muito rápido.

(3) Relativamente à interface de utilizador: O que viu no vídeo acima é a interface de gestão. Assim que uma VM for criada e estiver a funcionar, utilizará o Ambiente de Trabalho Remoto para aceder ao sistema operativo virtualizado, tirando partido das capacidades multi-monitor introduzidas no Win7 e das tecnologias de gráficos e renderização dramaticamente aceleradas introduzidas no Server 2008 R2. Embora eu gostasse que a experiência de gestão de máquinas virtuais fosse um pouco mais polida, isso não me vai impedir de utilizar esta nova funcionalidade fantástica.

(4) Modo XP: Tenho a impressão de que a equipa está a atrasar um pouco a experiência do utilizador da VM até ao final do ciclo de desenvolvimento. Uma das grandes vantagens do modo XP era a capacidade de executar aplicações numa VM virtual XP de forma "transparente" no mesmo ecrã que o sistema operativo Win7. Espero que essa capacidade também se torne um novo recurso principal do Win8.

Para os leitores, algumas questões ainda precisam de ser esclarecidas:

1. Convidados suportados? Em particular o problema de desempenho lento com VMs XP de 32 bits que as torna completamente inutilizáveis devido à falta de IRQL preguiçoso. Existem processadores Intel para desktop com vTPR?

2. AFAIK, o SLAT não é um requisito para os produtos Hyper V atuais, mas é altamente recomendado devido aos ganhos de desempenho. O SLAT é um requisito para o Windows 8 Hyper-V?

3. As VMs suportam o DirectX 10 ou apenas o DirectX 9.0c?

4. A E/S do Windows 7/Vista estará total ou parcialmente acesa?

5. A funcionalidade RemoteApp do WVPC (que permite que a aplicação seja executada no ambiente de trabalho do SO anfitrião) é muito interessante. De facto, espero que também seja incorporada no Hyper-V.

6. Esperamos que o WVPC com o modo XP continue a ser suportado. O que é que o futuro reserva para esta solução? Não nos importamos que a MS não inclua a licença XP, mas continua a ser importante que o WVPC esteja disponível.

Parte 2

Ataques ao hipervisor

2.1 A história

Nos últimos anos, temos assistido ao rápido desenvolvimento das tecnologias da informação. A história do nascimento dos computadores começou em laboratórios e centros de investigação. Anteriormente, os computadores ocupavam grandes áreas e desempenhavam um número limitado de funções. No entanto, com o desenvolvimento da tecnologia, os fabricantes conseguiram reduzir o tamanho dos sistemas informáticos, o que permitiu que os computadores saíssem das paredes das instituições académicas e se tornassem pessoais, ou seja, passaram a ser tão compactos e acessíveis que a maioria das pessoas que o desejassem poderiam adquiri-los. Durante algum tempo, as tecnologias informáticas foram ativamente desenvolvidas com vista a reduzir o tamanho dos computadores e a torná-los cada vez mais pequenos, mas era necessário garantir que esses computadores fossem suficientemente potentes. Hoje, podemos dizer que este objetivo foi alcançado. Praticamente qualquer pessoa pode comprar um computador e, na maior parte dos países desenvolvidos do mundo, um computador pessoal ou um computador portátil é bastante comum.

Os fabricantes de hardware informático não pararam por aí e têm vindo a desenvolver uma investigação constante para aumentar a potência dos componentes individuais do computador quando estes são suficientemente pequenos. No entanto, ao longo de todos estes anos, os fabricantes não se esqueceram do hardware especializado para cálculos pesados. Depois de o computador pessoal se ter tornado uma coisa comum e disponível, foi necessário oferecer aos clientes novas tecnologias.

Algumas empresas estão a aperceber-se de que os utilizadores individuais necessitam de mais funções do que as que um computador pessoal pode oferecer, e decidiram oferecer aos clientes novos produtos. No passado, os computadores potentes para grandes cálculos exigiam sobretudo organizações especializadas, mas atualmente há um grande número de pequenas organizações que precisam de fazer uma quantidade considerável de cálculos, sendo necessária uma enorme quantidade de memória para o armazenamento de dados.

Atualmente, um grande número de empresas oferece a utilização do seu equipamento informático e de armazenamento de dados. Naturalmente, esta opção só se tornou possível graças à omnipresença da Internet.

O facto de os postos de trabalho poderem ser acedidos através da Internet. A empresa pode estar localizada em qualquer país, mas ao utilizar a "rede global", pode fornecer os seus serviços a qualquer pessoa, desde que esta tenha acesso à Internet.

Esta utilização dos recursos é, de facto, óptima. A empresa, proprietária, coloca os seus postos de trabalho à disposição de vários subscritores. Como pode haver muitos subscritores, vários deles podem utilizar o mesmo posto de trabalho. Quando o cálculo estiver concluído e o cliente já não precisar de utilizar uma estação de trabalho, esta é desactivada. Por conseguinte, só podem alugar capacidade de computação durante os próprios cálculos. O mesmo se aplica aos serviços de armazenamento. Esta utilização dos postos de trabalho é óptima tanto para os clientes como para a empresa. A empresa pretende aumentar o número de subscritores e, por conseguinte, as suas estações de trabalho ficam menos inactivas; os clientes, por outro lado, poupam dinheiro ao pagarem apenas o tempo e os recursos que utilizam a capacidade de computação.

Como vimos, as empresas têm interesse em disponibilizar os seus postos de trabalho ao maior número possível de assinantes em simultâneo. Como vimos, as empresas têm interesse em disponibilizar os seus postos de trabalho simultaneamente ao maior número possível de assinantes. Talvez só precise de um posto de trabalho para organizar vários espaços de trabalho. A forma mais conhecida e mais simples de o fazer é criar várias máquinas virtuais numa única estação de trabalho.

Esta abordagem é muito prática. Permite reduzir a potência de cálculo de vários assinantes de uma forma simples e prática, criando-os no espaço virtual selecionado pela máquina para os cálculos.

Com esta estrutura, a distribuição dos recursos informáticos, a segurança continua a ser uma questão em aberto. Para além do facto de a computação em nuvem poder estar na origem de ataques já conhecidos, como o stack overflow e a injeção de SQL, foram acrescentadas algumas novas ameaças associadas à virtualização. Embora as ferramentas de virtualização sejam suficientemente seguras e, nalguns casos, utilizadas como um dos métodos de segurança adicionais contra várias ameaças, há, no entanto, uma série de ataques aos quais o ambiente de virtualização é bastante vulnerável.

Alguns dos comentários feitos sobre este assunto por representantes de empresas russas de segurança informática:

De um modo geral, a virtualização não foi inventada", disse Bezopasnik, "e os profissionais têm como principal objetivo facilitar e reduzir o custo da gestão dos recursos de informação". Facilitar e reduzir o custo de manutenção dos recursos de informação só assim", Bezopasnik, "observou que a virtualização é aplicável contra certas ameaças, principalmente - ameaças de acessibilidade e integridade também da área. A privacidade é mal tratada e a "nuvem" virtual significa", disse Nikolai Fedotov, analista sénior da Infowatch.

O software de virtualização de plataformas não resolve os problemas tradicionais de segurança informática. De acordo com Michael Bashlykova, responsável pela segurança da informação na "Krok", estas ameaças podem ser atribuídas à má configuração do software das ligações lógicas entre objectos no ambiente virtual, à possibilidade de pirataria informática ou à destruição do todo devido ao facto de as máquinas virtuais serem ficheiros que podem ser copiados para suportes amovíveis ou eliminados.

A virtualização dos recursos abre novos horizontes aos cibercriminosos com as chamadas funcionalidades não documentadas (NDV), ou seja, separadores e backdoors que permitem a fuga de informação e o controlo da interceção. Da nossa tríade clássica "Confidencialidade-Integridade-Disponibilidade", a primeira "musa" opõe-se inequivocamente à virtualização, enquanto a segunda e a terceira irmãs são mais "a favor" - poyasnyae Nikolai Fedotov.

2.2 Máquinas virtuais e hipervisores

Ameaças sujeitas a um sistema de gestão de ambiente virtual, em particular, os componentes de software do servidor e do cliente que permitem o controlo local ou remoto dos parâmetros do hipervisor e da máquina virtual. As máquinas virtuais Sami, porque os seus membros incluem software de sistema e de aplicação, são também bastante vulneráveis. Graças a soluções integradas na plataforma virtual e concebidas para garantir a segurança de várias máquinas virtuais, alguns dos seus componentes podem ser protegidos.

Com as máquinas virtuais, é sobretudo o sistema operativo instalado na máquina virtual que é objeto de tráfego de rede, que circula entre as máquinas virtuais. Os peritos da empresa "Security Code" indicam que os riscos de segurança para as infra-estruturas virtuais incluem ataques ao hipervisor para a máquina virtual a partir da rede física, o ataque ao disco da máquina virtual, os meios de gestão da infraestrutura virtual, a máquina virtual a partir da outra máquina virtual, a rede de replicação da máquina virtual, bem como o crescimento descontrolado das máquinas virtuais.

O grande perigo é que o proprietário da informação, por exemplo, não tenha conhecimento da virtualização e, por conseguinte, não tenha em conta os riscos, ou tenha conhecimento mas não disponha de informações sobre o dispositivo de virtualização - esta situação também pode conduzir a erros na avaliação dos riscos. Todos estes factores devem ser tidos em conta na criação de um sistema global de proteção dos mecanismos de virtualização.

Em comparação com as máquinas físicas e o número de vulnerabilidades críticas no sistema operativo (Windows, Linux), o número de vulnerabilidades nas plataformas de virtualização é insignificante. Em 2012, os produtos VMware (hipervisor e software associado) foram identificados como tendo cerca de 15 vulnerabilidades críticas de segurança. Em todos os casos, a possibilidade de exploração de vulnerabilidades específicas pode ser limitada através de software e de medidas técnicas ou organizacionais. Um ambiente virtualizado e de computação em nuvem construído de forma segura e que cumpra os requisitos de normas como NIST, PCI-DSS, VMware Security Hardening Best Practice, CIS, DISA, STO BR IBBS, FZ-152 (RD FSTEC) não é inferior ao nível de fiabilidade e segurança de um sistema físico tradicional e, em alguns aspectos, até o ultrapassa.

"A utilização das melhores práticas das organizações de segurança numa infraestrutura virtual pode resolver eficazmente os problemas de segurança. [1]Por exemplo, o modelo comum de '1 serviço = 1 máquina virtual' (isolamento e segmentação) pode resolver vários problemas de uma só vez. Em particular, um ataque bem sucedido a um serviço (por máquina virtual) deixa intactos os outros serviços que residem nas máquinas virtuais", afirmou Vadim Stetsenko, Vice-Presidente Sénior das empresas MAYKOR, Diretor-Geral da filial "MDG Service".

No entanto, como vemos na vida, muitas empresas estão dispostas a correr riscos para aumentar os seus lucros. Assim, o utilizador dificilmente pode esperar que a utilização do poder de processamento de um computador dedicado, seja uma só. Por outras palavras, podemos dizer que é muito provável que vários utilizadores utilizem uma única estação de trabalho. Embora esta afetação de recursos não seja certa, assumimos que a utilização de estações de trabalho é um fenómeno comum.

Nesta secção, analisamos as ameaças conhecidas à segurança da computação em nuvem. Também analisamos possíveis novos canais de fuga de informações e ataques ao hipervisor. Por último, analisamos os métodos de proteção das informações contra estes ataques. O objetivo do nosso estudo será identificar possíveis novos ataques à computação em nuvem e, em seguida, desenvolver um conjunto de medidas de proteção.

2.3 Para encontrar a melhor tecnologia de hipervisor, é necessário decidir primeiro se pretende um hipervisor de virtualização alojado ou bare-metal.

Depois de escolher o tipo de hipervisor que melhor se adapta às suas necessidades, é necessário escolher a melhor tecnologia de hipervisor...

2.3.1 Hipervisores de virtualização bare-metal

VMware ESX e ESXi

A VMware é de longe a tecnologia de hipervisor mais madura, oferecendo funcionalidade e escalabilidade avançadas. No entanto, a implementação do hipervisor de virtualização bare-metal da VMware pode ser dispendiosa devido aos custos de licenciamento mais elevados. O fornecedor oferece uma versão gratuita do ESXi, mas é muito limitada e não possui nenhuma das funcionalidades avançadas das edições pagas. A VMware também oferece pacotes mais baratos que podem tornar a tecnologia de hipervisor mais acessível para infra-estruturas mais pequenas.

Microsoft Hyper-V

O Microsoft Hyper-V estabeleceu-se como um sério concorrente do VMware ESX e ESXi. O Hyper-V não tem muitas das funcionalidades avançadas oferecidas pela extensa gama de produtos da VMware, mas graças à sua forte integração com o Windows, a tecnologia de hipervisor da Microsoft pode ser o melhor hipervisor para organizações que não precisam de muitos sinos e assobios.

Citrix XenServer

O Citrix XenServer é uma plataforma madura que começou como um projeto de código aberto. A tecnologia de hipervisor central é gratuita, mas, tal como o ESXi gratuito da VMware, praticamente não possui funcionalidades avançadas. A Citrix oferece várias edições pagas do XenServer que fornecem funcionalidades avançadas de gestão, automatização e disponibilidade. Mas apesar da estabilidade do seu hipervisor de virtualização bare-metal, a Citrix está a lutar para competir com a Microsoft e a VMware no que diz respeito à tecnologia de hipervisor.

Oracle VM

O Oracle VM é a tecnologia de hipervisor interna da Oracle, baseada no Xen de código aberto. Se pretender suporte do hipervisor e actualizações do produto, terá de pagar. O Oracle VM é um hipervisor simples e sem frescuras, que carece de muitas das funcionalidades avançadas encontradas noutros hipervisores de virtualização bare-metal. Tal como acontece com o XenServer, o ciclo de desenvolvimento do Oracle VM é mais longo e mais limitado, tornando-o difícil de competir com o VMware e o Hyper-V. No entanto, o Oracle VM tem a vantagem de ser certificado com a maioria dos outros produtos da Oracle e, por conseguinte, beneficiar de um suporte contínuo.

2.3.2 Hipervisores de virtualização alojados

VMware Workstation/Fusion/Player

O VMware Player é um hipervisor de virtualização gratuito. Esta tecnologia de hipervisor só pode executar uma única máquina virtual (VM) e não pode criar VMs. O VMware Workstation é um hipervisor mais robusto com algumas funcionalidades avançadas, como guardar e reproduzir e suporte para instantâneos de VM. O VMware Workstation é vendido por 189 dólares e tem três casos de utilização principais: para executar vários sistemas operativos diferentes ou versões de um sistema operativo num único ambiente de trabalho, para programadores que necessitam de ambientes sandbox e instantâneos, ou para laboratórios e demonstrações. O VMware Fusion é a versão para Mac do Workstation, que custa apenas 89 dólares, mas não possui algumas das funcionalidades e capacidades do Workstation. Esta tecnologia de hipervisor é mais adequada para executar Windows e Linux em Macs.

Servidor VMware

O VMware Server é um hipervisor de virtualização gratuito e alojado, muito semelhante ao VMware Workstation. No entanto, o VMware Server não possui algumas das funcionalidades do Workstation e suporta apenas um instantâneo por VM. Esta tecnologia de hipervisor foi concebida para funcionar sem cabeça com um utilitário de administração baseado na rede e está optimizada para executar cargas de trabalho mais semelhantes às do servidor. A VMware interrompeu o desenvolvimento do Server desde 2009, mas funciona bem como um hipervisor alojado simples e é uma alternativa fácil à utilização da versão gratuita do ESXi.

Microsoft Virtual PC

A Microsoft adquiriu a tecnologia do Virtual PC à Connectix em 2003 e mudou-lhe o nome para Virtual PC 2004. A versão mais recente desta tecnologia de hipervisor, o Windows Virtual PC, só funciona no Windows 7 e só suporta a execução de sistemas operativos Windows. Um caso de utilização comum do Virtual PC é a execução de aplicações antigas num ambiente de trabalho Windows 7 com versões mais antigas do Windows. O Virtual PC é gratuito e também está disponível para os utilizadores com uma licença do Windows 7 Professional, Enterprise ou Ultimate sob a forma de um dispositivo pré-embalado denominado Windows XP Mode.

Oracle VM VirtualBox

O Oracle VM VirtualBox é um hipervisor de virtualização maduro adequado a uma vasta gama de necessidades e casos de utilização. A tecnologia de hipervisor VirtualBox oferece desempenho e funcionalidade razoáveis se pretender virtualizar com um orçamento limitado. Embora seja um produto gratuito, alojado e muito económico em termos de espaço, o VirtualBox partilha muitas características com o VMware vSphere e o Microsoft Hyper-V. O Oracle VM VirtualBox é uma alternativa decente aos hipervisores mais caros para virtualização de servidores e ambientes de trabalho.

2.4 Virtualização empresarial da Red Hat

A KVM (Kernel-based Virtual Machine) da Red Hat tem as qualidades de um hipervisor de virtualização alojado e de um hipervisor de virtualização bare metal. O KVM transforma o próprio kernel do Linux em um hypervisor para que as máquinas virtuais tenham acesso direto ao hardware físico. O KVM no Red Hat Enterprise Virtualization oferece muitos recursos de nível empresarial e vem com um servidor de gerenciamento baseado no Windows para gerenciar vários hosts KVM. No entanto, essa tecnologia de hipervisor não é gratuita e, embora o KVM tenha recursos empresariais e de escalabilidade, ele não possui alguns dos recursos mais avançados e interfaces de programação de aplicativos oferecidos pela VMware e Microsoft.

2.4.1Parallels Desktop

A Parallels é conhecida pelo seu popular Parallels Desktop for Machypervisor, que é muito semelhante ao VMware Fusion. A Parallels também oferece uma versão desktop da sua tecnologia de hipervisor que funciona em Windows e Linux. Além disso, oferece uma edição mais poderosa chamada Parallels Server for Mac, que oferece maior escalabilidade e recursos mais avançados. Os hipervisores da Parallels também estão bastante maduros, tendo sido lançados pela primeira vez em 2005. Oferecem um hipervisor alojado muito económico e rico em funcionalidades que pode ser utilizado para uma variedade de fins.

2.4.2 Que produto escolher?

Pode avaliar todos os hipervisores de virtualização gratuitamente, por isso dedique algum tempo aos que lhe interessam e certifique-se de que satisfazem as suas necessidades. Não tente fazer com que a tecnologia do hipervisor faça mais do que foi concebida para fazer. Se estiver a executar um servidor Exchange ocupado num hipervisor alojado simples, por exemplo, é provável que seja muito lento. Lembre-se também de que as VMs são portáteis e facilmente convertíveis. Se escolher o que pensa ser a melhor tecnologia de hipervisor e descobrir que não gosta dela, existem ferramentas para a converter noutra plataforma de hipervisor.

Algumas notas de sugestão para o leitor, quer esteja de acordo ou não:
Não quero influenciar a sua escolha de hipervisor (afinal, as suas necessidades e requisitos são únicos), mas aqui estão algumas sugestões gerais da minha experiência de implementação de hipervisores para cargas de trabalho baseadas na nuvem:

- Para cargas de trabalho baseadas em UNIX®, aplicações de missão crítica compostas por transacções pesadas em que o desempenho é o principal requisito, o hipervisor PowerVM é capaz de lidar com este tipo de carga de trabalho.
- Se executar aplicações de missão crítica no System X (servidores x86 para Windows e Linux), o VMware ESX funciona muito bem.
- Se as suas aplicações não forem particularmente críticas, pode experimentar o KVM ou o Xen (os custos de arranque são relativamente baixos).

Pode até experimentar algumas VMs gratuitas, como Xen e KVM.

2.5 Objectivos de investigação para o estudante

1. Estudar o conceito e a estrutura das máquinas virtuais (hipervisor) numa estação de trabalho.

2. Estudar e implementar um ataque bem conhecido ao hipervisor.

3. Pesquisar capacidades não documentadas das máquinas virtuais

4. Estudar o possível ataque a um hipervisor, com base nos dados recebidos.

5. Desenvolver um conjunto de métodos e recursos para proteger o hipervisor

2.6 Importância e contribuição da investigação

A computação em nuvem representa atualmente uma grande parte do mercado das TI. No futuro, os investigadores prevêem que este domínio se tornará cada vez mais importante. Com a proliferação da Internet e o crescimento das bases de dados e dos serviços em linha, cada vez mais utilizadores da Internet armazenam e processam os seus dados em servidores remotos. O crescimento deste segmento é acompanhado por um interesse crescente nestas tecnologias, não só por parte dos utilizadores, mas também por parte de utilizadores sem escrúpulos. Cada vez mais informações valiosas estão a ser armazenadas e processadas em estações de trabalho remotas, o que levará, sem dúvida, a um aumento de possíveis ataques a estes sistemas. Nos últimos dois anos, temos assistido a uma maior atenção à segurança da computação em nuvem e à segurança dos hipervisores em particular. É possível ver um número crescente de relatórios sobre este assunto em conferências especializadas em segurança de hipervisores.

Deste ponto de vista, podemos dizer que, nos próximos anos, o tema será ativamente desenvolvido tanto por criminosos como por "bezopasniks", e isto apenas no domínio da investigação em matéria de segurança. No decurso desta investigação, esperamos desenvolver um novo conceito de segurança da computação em nuvem com base nos resultados reais obtidos. Por outras palavras, construiremos a nossa defesa com base em exemplos de servidores em funcionamento real. Atualmente, presta-se pouca atenção à segurança das máquinas virtuais, uma vez que se trata de uma despesa adicional para as empresas.

Como resultado, desenvolverão abordagens para as organizações de segurança, que deveriam estar disponíveis para estas empresas e que não seriam dispendiosas para elas. O objetivo é também detetar possíveis novos ataques ao hipervisor. Tendo em conta esta região ativa, os nossos métodos devem antecipar possíveis ataques que possam ser detectados no futuro.

O seguinte poderia ser um bom tema de investigação para os estudantes.

- Investigação de ataques a hipervisores conhecidos
- Exame da atribuição de memória e de outros recursos através de software especializado
- Utilização de software especial para estudar as vulnerabilidades do hipervisor, como o (VASTO)

Os gestores de TI estão a recorrer cada vez mais à tecnologia de virtualização para reduzir os custos de TI através de uma maior eficiência, flexibilidade e capacidade de resposta. À medida que a virtualização se torna mais generalizada, é essencial que a infraestrutura de virtualização possa responder aos desafios e problemas enfrentados por um centro de dados empresarial da forma mais eficaz possível.

Qualquer infraestrutura de virtualização que pretenda ser amplamente adoptada nos centros de dados deve oferecer a melhor combinação possível de várias capacidades importantes para a preparação das empresas:

- Maturidade
- Fácil de implementar,
- Facilidade de gestão e automatização,
- Suporte e facilidade de manutenção,
- Desempenho,
- Escalabilidade,

Fiabilidade, disponibilidade e facilidade de manutenção

- Segurança

2.7 O que não deve ser virtualizado?

O hipervisor moderno pode evoluir para uma capacidade muito maior do que a maioria das pessoas alguma vez lhe pedirá. Em última análise, há três perguntas a fazer quando se decide o que não virtualizar:

- É rentável?
- É pago pelo vendedor?
- O desafio vale a pena?

Tanto a Microsoft como a VMware possuem a tecnologia para virtualizar quase tudo o que possa imaginar. A virtualização é frequentemente considerada como uma aplicação de nível 1 executada em hardware de nível 1. Surgem dúvidas porque, muitas vezes, nem todas as máquinas virtuais são de nível 1 ou requerem funcionalidades adicionais que aumentam o custo e a complexidade. Isto remete para o que eu disse acima: o facto de se poder virtualizar algo não significa que seja a melhor abordagem. A sua função como administrador virtual é agora ajudar a decidir o que não deve ser virtualizado

2.7.1 Relação custo-eficácia da virtualização

Uma coisa que as empresas frequentemente ignoram é o custo de alargar o seu ambiente virtual. É frequente ouvirmos dizer que as máquinas virtuais (VMs) são gratuitas. Sabemos que a infraestrutura que suporta estas máquinas virtuais "gratuitas" não é gratuita. Os hosts, a rede e o armazenamento têm um custo, mas em muitos casos o retorno do investimento é muito superior ao capital inicial gasto. No entanto, há uma área em que o retorno do investimento não é tão elevado como noutras áreas: o armazenamento. Para muitos ambientes virtuais, o armazenamento partilhado é essencial para permitir que os fornecedores de hipervisores ofereçam capacidades de migração em tempo real e failover.

O problema é que o armazenamento partilhado é dispendioso porque, tradicionalmente, faz parte de uma rede de área de armazenamento (SAN) ou de um armazenamento ligado à rede (NAS). Pode criar facilmente uma VM com 1 TB, 2 TB ou mais de armazenamento com o VMware ou a Microsoft. A questão não é se pode ou não, mas se deve ou não. Eis alguns exemplos do que não deve ser virtualizado:

- **Servidores de imagens** - Esta é uma solução fácil para a maioria das organizações. Estes servidores contêm dezenas de imagens utilizadas para reimaginar as estações de trabalho dos utilizadores. Mas as imagens não são pequenas e podem tornar-se ainda maiores se as aplicações forem pré-instaladas. Adicionar mais imagens pode criar um bloco de dados fixos na sua infraestrutura virtual, alguns dos quais são utilizados, mas não todos, e pode ser necessário armazenar imagens para máquinas mais antigas ainda em produção, mas que não são implementadas todos os dias. Estes dados válidos mas raramente utilizados estão a custar-lhe dinheiro ao ocuparem espaço valioso na sua SAN.
- **Aplicação de** patches **no servidor (Microsoft e VMware)** -- Cada fornecedor tem uma gestão e implementação centralizadas para patches, actualizações e correcções que permitem aos administradores controlar que servidor recebe que actualizações e quando. Estes sistemas são repositórios locais que podem conter dezenas ou mesmo milhares de actualizações para os nossos sistemas. Quando os virtualizamos, importamos dados necessários, mas também dados

de utilização limitada e até dados desactualizados.

Nesses dois exemplos, os dados não são de nível 1 ou 2, mas são colocados nesse nível de disco porque essas VMs geralmente compartilham espaço e recursos com VMs de nível superior. Os administradores conscientes dos custos irão movê-las para uma unidade SATA (se tiverem uma) para reduzir os custos, mas normalmente elas ainda residem na sua estrutura de armazenamento.

Concentramo-nos tanto na virtualização a 100% que nos esquecemos de utilizar os servidores físicos comuns como algo mais do que anfitriões de virtualização. Os servidores modernos podem acomodar terabytes de armazenamento a custos razoáveis e proporcionar um desempenho excecional a custos muito baixos. Embora se percam os benefícios da virtualização, as poupanças podem ser suficientes para justificar o risco para os servidores e aplicações que tendem a conter maiores quantidades de dados estáticos não críticos.

1- Apoio aos fornecedores

O suporte tem sido sempre um tema quente no mundo da virtualização. O suporte para aplicações executadas num ambiente virtual está agora generalizado, mas até há alguns meses, alguns fornecedores não suportavam o ambiente virtual. Um dos últimos grandes resistentes era a Oracle; no entanto, em 2013, fizeram a mudança e agora suportam ambientes virtuais da Microsoft e VMware, desde que se preste atenção às letras pequenas sobre como fazê-lo exatamente.

Atualmente, ainda é possível instalar aplicações sem suporte de virtualização e estas podem funcionar bem durante dias, semanas ou anos. Aposta-se nas probabilidades de não precisar de suporte e, se precisar, espera-se que o fornecedor suporte agora a virtualização. Se tiver um problema, pode não ser possível recriá-lo num hardware físico. Neste caso, é melhor ficar com o hardware até que o seu fornecedor de software suporte a virtualização.

2- O desafio vale a pena?

O mapeamento de dispositivos brutos (RDM) e outras tecnologias permitem que o seu hipervisor seja suficientemente flexível para suportar quase tudo o que lhe possa ser apresentado. O verdadeiro desafio para determinar o que não deve ser virtualizado é avaliar se é rentável e simples de suportar.

Todos nós já vimos um exemplo concreto de uma abordagem que funciona, mas é demasiado complicada e difícil de explicar. Um exemplo comum é a configuração do clustering da Microsoft no VMware. O RDM permite-lhe fazer isto, mas se se aprofundar um pouco mais, verá que existem limitações (como a incapacidade de efetuar vMotions do Distributed Resource Scheduler com convidados em cluster). Dependendo do seu projeto, essas limitações podem resultar na perda de alguns dos recursos valiosos da virtualização ou em soluções alternativas mais complexas.

2.8 Virtualização e computação em nuvem

- A virtualização é a capacidade de executar vários sistemas operativos num único sistema físico e partilhar os recursos de hardware subjacentes*.
  - Este é o processo pelo qual um computador aloja a aparência de vários computadores.
- A virtualização é utilizada para melhorar o rendimento e os custos de TI, utilizando recursos físicos como um conjunto a partir do qual podem ser atribuídos recursos virtuais.

2.8.1 Arquitetura de virtualização

- Uma máquina virtual (VM) é um ambiente de execução isolado (sistema operativo convidado e aplicações).
  - Vários sistemas virtuais (VMs) podem ser executados num único sistema físico.

2.8.2 Virtualização na computação em nuvem

A computação em nuvem leva a virtualização ainda mais longe:

- Não precisa de possuir o equipamento
- Os recursos são alugados numa base de necessidade a partir de uma nuvem
- Existem vários fornecedores para a criação de servidores virtuais:

- Escolher o sistema operativo e o software a utilizar em cada instância
- O sistema operativo escolhido será executado num grande número de servidores.
- Pode instanciar mais servidores virtuais ou encerrar os existentes numa questão de minutos

- Só lhe é cobrado o que utiliza

2.9 Encapsulamento genérico de encaminhamento

Esta abordagem forma túneis GRE entre anfitriões Hyper-V para capturar redes virtualizadas utilizando os pormenores descritos no documento NVGRE Draft RFC. O NVGRE pode ser aplicado à rede física existente sem exigir quaisquer alterações à arquitetura de comutação da rede física. Se a nossa firewall estiver a bloquear os túneis GRE no meio dos sítios, devemos configurar as firewalls para suportar o encaminhamento do tráfego dos túneis GRE. Em resumo, a virtualização de servidores é uma tecnologia muito boa que está a começar a ganhar força. A virtualização de servidores é a cobertura dos recursos do servidor, incluindo a identidade e o número de servidores físicos separados, sistemas operativos, processador de utilizador do servidor. Os ambientes virtuais são também conhecidos como servidores privados virtuais, convidados, contentores, instâncias e emulações. Sim, estamos a avançar com a implementação da infraestrutura virtual, porque a virtualização da rede Hyper-V tem muitas vantagens em relação às LAN virtuais tradicionais:

-Escalabilidade limitada

-Complexidade e custo de configuração

Limitado a uma única sub-rede

Migração em direto de máquinas virtuais de uma sub-rede para outra

Portabilidade da MV e do endereço IP entre instalações e sub-redes

-Multi-inquilino com intervalos de endereços IP sobrepostos.

2.9.1 Reescrita de IP

O segundo mecanismo da sua ideologia é um pouco mais simples. A cada endereço CA é atribuída uma restrição única, o endereço PA. Quando o pacote sai da máquina virtual, o host do Hyper-the V substitui o IP do cabeçalho do pacote pelo endereço CA do endereço PA e envia o pacote para a rede a. Após o recebimento, o host EXECUTA a reversão da alteração de endereço e entrega o pacote. de Como o algoritmo descreve, em cada host físico com a função Hyper-the V a deve ser configurado como com endereços PA-in é como com endereços CA-in é USADO em todas as máquinas virtuais em execução em um determinado host e usando virtualização de rede.

Terceira parte

Tácticas de segurança virtual para hipervisores

3.1 Tácticas de segurança

Um hipervisor, também conhecido como administrador de máquinas virtuais, é um programa que permite que diferentes estruturas partilhem uma única peça de hardware. Cada estrutura parece ter acesso ao processador, à memória e a outros recursos do anfitrião. Em qualquer caso, o hipervisor controla efetivamente o processador e os recursos do anfitrião, atribuindo o que é esperado a cada estrutura e assegurando que as estruturas visitantes (designadas por máquinas virtuais) não podem perturbar-se mutuamente. Utilizar o destaque de Mapas como parte do vCenter é um bom começo, mas também é necessário incorporar os dispositivos para além disso, em particular switches, firewalls, DMZs, estruturas exteriores viradas para a Internet e as portas de que necessitam.

A utilização de dispositivos, por exemplo, NMAP ("Network Mapper" é um utilitário gratuito (licenciado) para a divulgação do sistema e inspeção da segurança) pode ser um excelente guia a este respeito. Com esta abordagem, pode concentrar-se primeiro nas coisas mais simples de proteger. Este guia pode ser o seu manual sobre a forma como os potenciais perigos podem chegar às suas estruturas, destacando, assim, as áreas que necessitam de maior segurança.

O risco de não usar um guia é que você se concentre tanto em uma pequena área de segurança que acabe deixando passar uma falha de segurança evidente. Além disso, use as ferramentas de segurança fornecidas pela VMware, por exemplo, as planilhas e a documentação em PDF no guia de fortalecimento. O uso dessas ferramentas o ajudará a implementar as práticas recomendadas de segurança.

À medida que mapeia o seu enquadramento, prevê quem poderá ter de negociar o seu enquadramento, seja de forma perniciosa ou não, e depois bate-lhes no soco. Ao imaginar o alvo potencial do atacante, pode evacuá-lo ou torná-lo muito mais difícil de atingir. Ao tentar pensar como o seu inimigo, fica numa posição extremamente favorável para proteger adequadamente o seu ambiente virtual.

3.2 A virtualização tornar-se-á dominante na empresa, mas os riscos de segurança são, na melhor das hipóteses, pouco claros. Entretanto, as defesas habituais - firewalls, dispositivos de segurança e afins - não estão preparadas para a virtualização.

A virtualização tornar-se-á dominante na empresa, mas os riscos de segurança são, na melhor das hipóteses, pouco claros. Entretanto, as defesas habituais - firewalls, dispositivos de segurança e afins - não estão preparadas para a virtualização.

Estas são as principais conclusões de um relatório da ThinkEquity elaborado por Jonathan Ruykhaver. Outra conclusão importante é que as empresas podem estar a adiar a virtualização no centro de dados devido a preocupações com os riscos de segurança. A conclusão do Sr. Ruykhaver é um pouco exagerada para mim - nunca ouvi um executivo de tecnologia preocupar-se com a segurança da virtualização. De facto, a virtualização estará em vigor antes que alguém se aperceba dos problemas de segurança. As poupanças em hardware, a facilidade de aprovisionamento de servidores e a maior flexibilidade das TI são suficientes para fazer esquecer as questões de segurança.

No entanto, o relatório do senhor deputado Ruykhaver é digno de nota porque enquadra a questão da segurança da virtualização (todos os recursos). Alguns pontos-chave a considerar:

A virtualização de servidores pode contribuir para a segurança, mas os ambientes virtualizados têm o seu próprio conjunto de problemas. As ameaças à segurança podem vir tanto do exterior como do interior de um ambiente virtualizado. Estas "ameaças intra-hospedeiro" podem escapar a todos os sistemas de proteção existentes.

Como estas ameaças à segurança virtualizada são difíceis de identificar, "isto pode levar à propagação de vírus informáticos, roubo de dados, negação de serviço, conflitos de conformidade regulamentar ou outras consequências no ambiente virtualizado", escreve Ruykhaver.

Os hipervisores introduzem uma nova camada de software privilegiado que pode ser atacada. O hipervisor funciona como um sistema operativo e pode precisar de ser corrigido. Se um hipervisor tiver de ser corrigido, todas as máquinas virtuais terão de ser retiradas de serviço. Ruykhaver salienta que:

Uma máquina virtual comprometida pode infetar todas as máquinas virtuais de um servidor físico. O ataque de uma máquina virtual convidada que escapa para outras máquinas virtuais residentes no mesmo hospedeiro físico representa, na nossa opinião, o maior risco de segurança num ambiente virtualizado. Se, ou quando, os ataques centrados em máquinas virtuais se tornarem facilmente disponíveis, o atacante potencialmente só tem de gastar tempo a atacar uma máquina virtual, o que pode levar a comprometer outras máquinas virtuais numa rede fechada e, em última análise, a escapar do ambiente VMM virtual e a obter acesso ao anfitrião. Num cenário de ataque típico, um atacante precisa de concentrar os seus ataques numa máquina de cada vez, independentemente da sua intenção: "Atacar uma máquina para infligir danos". Os ambientes virtualizados eliminam esta restrição e criam um cenário de ataque de um para muitos: atacar o anfitrião, possuir os convidados - ou mesmo atacar um convidado e, eventualmente, possuir todos eles. É por isso que acreditamos que o maior risco de segurança associado à virtualização reside nestes "ataques de convidado para convidado", em que um atacante obtém privilégios de raiz ou de administrador no hardware e pode então passar de uma máquina virtual para outra. Se o atacante for o proprietário do hipervisor, será o proprietário de todos os dados que passam através do hipervisor e poderá recolher amostras, redirecionar ou falsificar qualquer coisa. Sem alguma forma de segurança incorporada, os sistemas operativos convidados não teriam forma de saber que estavam a ser executados numa plataforma comprometida. Este cenário de "hiperjacking" é particularmente assustador quando se consideram as plataformas de virtualização em grande escala que oferecem 10, 50 ou mesmo centenas de servidores alojados a funcionar numa única peça de hardware. O risco potencial de perda de controlo e de receitas é considerável.

Não se tem prestado atenção suficiente à aplicação de patches e à confirmação da segurança dos servidores virtuais. Já alguém pensou em como seria aplicar um patch a uma infraestrutura virtual?

As comunicações entre máquinas virtuais são provavelmente vectores de ataque populares. As máquinas virtuais precisam de comunicar e partilhar dados entre si. Se estas comunicações não forem monitorizadas ou controladas, podem ser alvo de ataques", observa Ruykhaver.

Há dinheiro a ganhar com a segurança da virtualização. A Blue Lane, a Reflex Security e a Catbird Networks estão entre as empresas privadas que vale a pena conhecer. O principal produto da BlueLane, o VirtualShield, detecta, actualiza e corrige as máquinas virtuais. Reflex

Security cria uma infraestrutura e uma aplicação de segurança virtualizadas. A Catbird tem uma aplicação virtual certificada pela VMware chamada V-Agent. A IBM e a VMware também estão a desenvolver tecnologia de hipervisor segura e formas de bloquear máquinas virtuais.

"Embora o comprometimento do kernel do hipervisor permita assumir imediatamente o controlo total do sistema, o comprometimento de outros componentes também deve ser considerado fatal (embora possa exigir um ataque adicional de elevação de privilégio)", explicou Wojtczuk.

Wojtczuk também testou o hipervisor DeepSafe da McAfee (uma empresa da Intel), que foi concebido com a segurança em mente. O investigador afirma ter encontrado uma forma de o explorar e de assumir o controlo total do hipervisor porque a McAfee não utilizou a tecnologia de virtualização da Intel para E/S direccionada (VT-d) para proteger contra ataques de acesso direto à memória (DMA). Ele acredita que a McAfee está bem ciente desse problema, mas por alguma razão, talvez por achar que é improvável que ele seja explorado, eles optaram por ignorá-lo.

O investigador diz que não tem conhecimento de quaisquer ataques que explorem as vulnerabilidades do hipervisor e que é difícil ter uma visão geral do que se está a passar na natureza. No entanto, salienta que uma agência governamental bem financiada pode ser capaz de dar bom uso a estas vulnerabilidades.

Embora os hipervisores sejam úteis para isolar sistemas operativos menos seguros, o investigador considera que os responsáveis pela conceção e implementação destas soluções devem estar conscientes da existência de uma superfície de ataque. Devem também estar cientes dos métodos que podem ser utilizados para reforçar estes produtos e aplicá-los.

3.3 Diferentes requisitos de segurança para diferentes tipos de hipervisor

O hipervisor pode ser instalado num palco físico de duas maneiras: diretamente em cima do equipamento de estrutura ou em cima da estrutura do anfitrião. Com a primeira técnica, o hipervisor é considerado o sistema operativo, e é a partir do hipervisor que se distribuem e supervisionam as máquinas virtuais e as suas estruturas de visitantes. VM Server, Citrix XenServer, VMware ESXi e Microsoft Hyper-V são todos casos de hipervisores do tipo 1 ou de metal exposto. Com esta última estratégia, supervisiona as VMs visitantes a partir do hipervisor. O VMware Workstation e o Oracle VirtualBox são hipervisores de tipo 2 ou facilitados.

3.3.1- Hipervisores de tipo 1 (hipervisores bare-metal)

O hipervisor metálico, também conhecido como hipervisor de tipo 1, é um programa de virtualização que foi introduzido especificamente no equipamento de processamento. Este tipo de hipervisor controla o equipamento, bem como, pelo menos, um sistema operativo (SO) visitante. Em comparação, um hipervisor, ou hipervisor de tipo 2, continua a funcionar no sistema operativo do anfitrião, pelo que o equipamento subjacente é supervisionado pelo sistema operativo do anfitrião.

Os hipervisores metálicos oferecem grande acessibilidade e gestão de activos; proporcionam também melhor desempenho, maior versatilidade e maior robustez graças ao seu acesso imediato ao hardware. No entanto, factores inerentes ao gadget podem limitar o endurecimento do equipamento.

A-Acessibilidade elevada (HA)

Uma elevada acessibilidade refere-se a um quadro ou segmento que está constantemente operacional durante um longo período de tempo. A acessibilidade pode ser medida em termos de "100% operacional" ou "nunca menos de 100% operacional". Uma norma de acessibilidade geralmente aceite, mas difícil de cumprir, para um quadro ou elemento é conhecida como acessibilidade "cinco 9" (99,999%).

Dado que uma estrutura ou sistema de PC é composto por muitos elementos, a maioria dos quais tem de estar disponível ao mesmo tempo para que o conjunto esteja operacional, a antecipação de um elevado nível de acessibilidade assenta fortemente na preparação do reforço e da recuperação de falhas, bem como no armazenamento e acesso à informação. No que respeita à capacidade, uma das abordagens é a matriz repetitiva de discos independentes (RAID). Uma abordagem mais recente é a rede de área de armazenamento (SAN).

B-Performance

A execução parece ter duas implicações:

1) A velocidade a que um PC funciona, quer hipoteticamente (por exemplo, utilizando uma receita para calcular Mops (um grande número de direcções teóricas por segundo), quer verificando as operações ou instruções executadas (por exemplo, (MIPS) - um grande número de instruções por segundo) como parte de um teste de referência.

2) A viabilidade global de um quadro de PC, incluindo o rendimento, o tempo de reação singular e a acessibilidade.

C- Escalabilidade

A escalabilidade parece ter duas utilizações:

1) A capacidade de uma aplicação ou produto informático (hardware ou software) continuar a funcionar corretamente quando a sua dimensão ou volume (ou contexto) é alterado para satisfazer uma necessidade do utilizador. Geralmente, a mudança de escala é no sentido de um tamanho ou volume maior. A mudança de escala pode dizer respeito ao próprio produto (por exemplo, uma gama de sistemas informáticos de diferentes dimensões em termos de armazenamento, RAM, etc.) ou à transição do objeto evolutivo para um novo contexto (por

exemplo, um novo sistema operativo).
Um exemplo: John Young, no seu livro Exploring IBM's New-Age Mainframes, descreve o sistema operativo RS/6000 SP como um sistema escalável ("a capacidade de manter os níveis de desempenho quando são acrescentados processadores adicionais"). Outro exemplo: Na impressão, os tipos de letra escaláveis são tipos de letra que podem ser redimensionados para um tamanho mais pequeno ou maior utilizando software sem perda de qualidade.
2) É a capacidade não só de ter um bom desempenho na situação redimensionada, mas também de tirar o máximo partido dela. Por exemplo, um programa de aplicação seria escalável se pudesse ser transferido de um sistema operativo mais pequeno para um sistema operativo maior e tirar o máximo partido do sistema operativo maior em termos de desempenho (tempo de resposta do utilizador, etc.) e do maior número de utilizadores que poderia ser suportado.
A escalabilidade ascendente é geralmente mais fácil de alcançar do que a escalabilidade descendente, uma vez que os programadores necessitam frequentemente de utilizar plenamente os recursos de um sistema (por exemplo, a quantidade de armazenamento em disco disponível) quando uma aplicação é inicialmente codificada. Reduzir a escala de um produto pode significar tentar obter os mesmos resultados num ambiente mais restrito.

Os hipervisores bare-metal mais comuns são o Microsoft Hyper-V, o Citrix XenServer e o VMware ESXi.

3.3.2- Hipervisores de tipo 2 (hipervisores alojados)

Um hipervisor de tipo 2, também conhecido como hipervisor alojado, é um administrador de máquinas virtuais que é introduzido como uma aplicação de produto num sistema operativo atual.

Exemplos deste tipo de hipervisor incluem o Oracle OVM para SPARC, ESXi, Hyper-V e KVM.

Apesar da sua utilização, as máquinas virtuais (VM) e as estruturas dos seus visitantes não têm geralmente conhecimento do tipo de hipervisor que está a ser executado, uma vez que apenas se associam ao próprio hipervisor.

Os hipervisores de tipo 2 suportam máquinas virtuais de visitantes, agendando chamadas para a CPU, memória, círculo, disposição e outros recursos através da estrutura do anfitrião físico. Isto permite que um cliente final execute facilmente uma máquina virtual num dispositivo informático individual. Exemplos deste tipo de hipervisor incluem o VMware Fusion, o Oracle Virtual Box, o Oracle VM for x86, o Solaris Zones, o Parallels e o VMware Workstation.

1- VMware Fusion

O VMware Fusion é um software da VMware que virtualiza os sistemas operativos (SO) Windows e os programas de aplicação para que possam ser utilizados em computadores Macintosh. O VMware Fusion inclui o Unity View, que permite que uma aplicação virtualizada apareça no ambiente de trabalho do Macintosh OS como se fosse uma aplicação nativa. A VMware lançou o VMware Fusion 1.0 em 6 de agosto de 2007. A VMware lançou a versão mais recente, o VMware Fusion 6.0, em 3 de setembro de 2013, para o tornar compatível com o mais recente sistema operativo Macintosh, o Mavericks.

2- Estação de trabalho VMware

O VMware Workstation é um ambiente de teste e desenvolvimento que permite aos administradores de sistemas criar e executar máquinas virtuais (VMs) diretamente num ambiente de trabalho. O Workstation permite aos administradores avaliar hipervisores e diferentes sistemas operativos e experimentar a computação em nuvem sem interferir com as operações de TI. Os administradores de TI também podem utilizar o Workstation para verificar os recursos do anfitrião, efetuar tarefas de gestão e ensinar aos alunos a virtualização.
O Workstation integra-se com outras ferramentas VMware, como o vSphere, para melhorar a colaboração entre os laboratórios de teste e desenvolvimento e os ambientes de produção reais. A versão atual, VMware Workstation 9, está optimizada para funcionar com sistemas operativos de 64 bits e com o Windows 8. O Workstation utiliza uma interface Web para ligar os utilizadores a máquinas virtuais locais e alojadas em servidores a partir de um PC, smartphone ou tablet. Cada VM criada no Workstation 9 pode executar até oito processadores virtuais ou oito núcleos virtuais, dois terabytes (TB) de discos virtuais e até 64 GB de memória. Os administradores também podem restringir VMs na Workstation 9. A VMware Inc. oferece uma versão gratuita e simplificada do ambiente do Workstation, chamada VMware Player. No entanto, a versão paga oferece mais funções e possibilidades para aqueles que já ultrapassaram a introdução à virtualização.
O Oracle/Sun VirtualBox é o principal concorrente do VMware Workstation. É gratuito e existe uma versão de código aberto. Alguns especialistas afirmam que o VirtualBox tem um conjunto de funcionalidades mais rico, mas muitos administradores VMware tendem a preferir o VMware Workstation.

Os sistemas operativos de servidor, por exemplo, o Windows Server 2012, tendem a ser peças enormes e complexas de programação que requerem correcções de segurança nas visitas. Os hipervisores de tipo 2 são fundamentalmente considerados aplicações, uma vez que se encontram sobre o sistema operativo de um servidor e, por conseguinte, estão sujeitos a quaisquer defesas que possam existir no sistema operativo oculto. A falta de um patch ou de uma atualização pode expor o sistema operativo, o hipervisor e as máquinas virtuais a um ataque. Quando examinados, os hipervisores de tipo 1 são a interface principal entre o hardware do servidor e as máquinas virtuais. Os hipervisores metálicos tendem a ser muito mais pequenos do que as estruturas, o que significa que é possível codificá-los de forma eficiente e enfrentar menos riscos de segurança.

Os hipervisores de tipo 2 também requerem um meio de partilha de envelopes, pranchetas e outros dados do cliente entre o anfitrião e os sistemas operativos visitantes. A partilha de informações aumenta o risco de pirataria informática e de propagação de código malicioso, razão pela qual as máquinas virtuais exigem um nível específico de confiança por parte dos hipervisores de tipo 2. Os hipervisores de tipo 1, por outro lado, limitam-se a fornecer uma camada de reflexão entre o hardware e as máquinas virtuais. O não aparecimento de um sistema operativo fundamental ou a necessidade de partilhar informações do cliente entre os visitantes e as variantes do sistema operativo anfitrião reforça a segurança local das máquinas virtuais. Os hipervisores de tipo 1 impõem uma separação rigorosa entre as máquinas virtuais e são mais susceptíveis de gerar situações em que as máquinas virtuais podem ser alvo de ataques.

Os hipervisores facilitados também tendem a desperdiçar activos de registo, quando uma das principais motivações de um sistema operativo é a administração de activos. Como os hipervisores de tipo 2 continuam a ser executados sobre sistemas operativos, o sistema operativo oculto pode prejudicar a capacidade do hipervisor para assimilar, designar e melhorar os activos da máquina virtual. Os hipervisores metálicos expostos, por outro lado, controlam diretamente os activos do dispositivo e impedem que qualquer VM monopolize os activos da estrutura. Embora não seja um problema de segurança tão significativo como o malware ou a pirataria informática, a administração adequada dos activos aumenta a força e a execução do servidor, impedindo que o tecido bloqueie, o que pode ser entendido como uma agressão.

Segregação de funções e acesso de administrador - Nas redes físicas tradicionais, os administradores de servidores gerem os servidores, enquanto os administradores de rede gerem a rede. O pessoal de segurança trabalha geralmente ao lado destes dois administradores. Em ambientes virtualizados, a gestão do servidor e da rede pode ser efectuada na mesma consola de gestão, o que coloca novos desafios à separação eficaz de funções.

Por defeito, muitos sistemas de virtualização dão acesso total a todas as actividades da infraestrutura virtual. Estas predefinições nem sempre são alteradas e uma violação deste acesso de administrador pode permitir o controlo total da infraestrutura virtual.

A- Sincronização do tempo

-Os relógios das máquinas virtuais podem sofrer desvios e, quando isto é combinado com outros desvios normais do relógio, as tarefas podem ser executadas mais cedo ou mais tarde, fazendo com que os registos percam qualquer aparência de precisão. Um registo de tempo impreciso fornecerá dados insuficientes para qualquer investigação forense futura.

B-VLANs

O uso de VLANs requer o roteamento do tráfego da VM para fora do host para um firewall, por exemplo. Isso pode levar a latência e redes complexas, o que pode causar problemas de desempenho.

-A comunicação entre VMs não é protegida ou inspeccionada numa VLAN. Além disso, quando muitas máquinas virtuais estão na mesma VLAN, a propagação de malware de uma máquina virtual para outra não pode ser interrompida.

C-Partições

Pensa-se que quando várias máquinas virtuais estão a ser executadas no mesmo anfitrião, estão isoladas e não podem ser utilizadas para atacar outras máquinas virtuais. Tecnicamente, as máquinas virtuais podem ser separadas, mas as partições das máquinas virtuais partilham recursos como a memória, a CPU e a largura de banda. Se uma partição consumir uma quantidade excessiva de um destes recursos, devido a um vírus, por exemplo, pode ocorrer uma negação de serviço nas outras partições3.

3.4 Outras questões

-Por vezes, a segurança permanece nas cabeças do pessoal de segurança ou em listas de verificação e, se esta for a abordagem predominante, será difícil monitorizar a segurança da virtualização devido à velocidade a que as máquinas virtuais são criadas, movidas, etc.

A virtualização é fortemente baseada em software, o que aumenta as potenciais vulnerabilidades do software e as superfícies de ataque para os atacantes.

-Os discos virtuais são geralmente armazenados como ficheiros não encriptados num anfitrião e aceder a eles é como obter acesso legítimo a esses ficheiros.

-Cargas de trabalho com diferentes níveis de confiança podem ser colocadas no mesmo servidor ou vswitch e a segurança dessas cargas de trabalho será apenas a da carga de trabalho menos segura. Se dados confidenciais residirem nesse servidor, ele pode não ser muito seguro.

Apesar da miríade de problemas identificados acima, a virtualização não é inerentemente insegura, mas a forma como é implementada pode ser insegura por natureza. Políticas e processos de segurança imaturos, bem como a falta de formação, podem ser a principal causa de problemas e vulnerabilidades que podem aumentar o risco. Agora que conhecemos os problemas de segurança associados à virtualização, podemos analisar alguns dos ataques mais comuns.

3.5 Avaliação da vulnerabilidade do hipervisor

A segurança informática está a enfrentar uma verdadeira dor de cabeça. Por um lado, o número de controlos relacionados com a segurança que os administradores de sistemas têm de aceitar é extraordinário. Por outro lado, a indústria está apenas a começar a compreender as implicações da virtualização para a segurança. Então, o que é que os parques de servidores virtuais precisam de fazer para garantir a segurança da virtualização?

Um dos mitos sobre a segurança da virtualização é que é possível que um atacante negoceie o hipervisor e assuma o controlo das máquinas virtuais (VMs) nele executadas. Um mito semelhante é o de que um atacante pode ter a capacidade de utilizar uma falha numa VM para escapar dela - conhecido como um ataque de evasão - e assumir o controlo de quaisquer VMs que ainda estejam em execução no servidor. Embora seja concebível que tais ataques possam eventualmente tornar-se uma realidade (há sem dúvida programadores suficientes a tentar fazê-lo), não existe atualmente nenhuma estratégia de ataque deste tipo.

Recentemente, houve uma série de ataques de "prova de ideia" destinados a introduzir um hipervisor leve como rootkit e, em seguida, forçar o sistema operativo anfitrião a tornar-se uma máquina virtual. A ideia era que o rootkit seria capaz de intercetar todas as trocas entre o sistema operativo do servidor e o equipamento. A boa notícia é que estas aventuras para provar que as ideias estão erradas.

3.6 Evitar hipervisores de tipo 2

A escolha do hipervisor correto para a sua organização é essencial para uma virtualização segura. Existem dois tipos principais de hipervisor atualmente utilizados: hipervisores de tipo 1 e hipervisores de tipo 2. Um hipervisor de tipo 1 é introduzido no hardware do servidor ao nível do metal descoberto. Os hipervisores de tipo 2 são inseridos por cima de uma estrutura de servidor normal.

Existem algumas vantagens em utilizar um hipervisor de tipo 2, particularmente no que diz respeito à manutenção do servidor, mas a solução ideal é utilizar um hipervisor de tipo 1 se a sua principal preocupação for a segurança da virtualização.

A experiência tem demonstrado que as estruturas utilizadas em hipervisores de tipo 2 são regularmente ignoradas, o que as pode tornar indefesas face a ameaças. Na verdade, vimos circunstâncias reais em que as estruturas fundamentais do Windows em hipervisores de tipo 2 nem sequer eram indivíduos da área, uma vez que a maior parte dos controladores de espaço tinha sido virtualizada e o sistema operativo principal tinha de arrancar antes de os controladores de espaço poderem arrancar.

3.7 Passos tácticos para proteger o seu ambiente virtual

Uma vez que tomámos consciência do aspeto do nosso ambiente, é uma óptima oportunidade para começar a torná-lo mais seguro.

• Fortaleça seus hosts ESXi e servidores vCenter. É uma boa ideia utilizar o guia de proteção VMware para os seus produtos. É essencial continuar a reforçar e a corrigir as estruturas (Windows, Linux) e as aplicações (SQL, Oracle) que suportam a sua base virtual.

• Entenda as configurações de segurança para cada ESXi em seu ambiente. Isso não é difícil de fazer usando o vCenter Client. Basta selecionar o host no inventário e, em seguida, selecionar a guia Configuration. Em seguida, seleccione Security Profile. Examine o status dos serviços, o firewall e o modo de bloqueio. Pare ou desactive qualquer administração desnecessária. Pense em como utilizar a firewall predefinida. Se possível, ative o modo de bloqueio. A aplicação das práticas recomendadas sugeridas pela VMware é um bom ponto de partida para garantir a segurança do seu ambiente.

• Use recursos de segurança acessíveis. A VMware e outros fornecedores entendem a importância da segurança e estão respondendo com uma ampla gama de recursos programáveis para resolver esse problema. Invista um pouco de energia para descobrir como esses aplicativos podem fortalecer e melhorar sua segurança.

• Fortaleça as suas máquinas virtuais. Seja persistente na reparação e segurança das suas máquinas virtuais visitantes, uma vez que estas são geralmente tão prováveis como os seus anfitriões ESXi de serem alvo de impotência.

• Mantenha-se atualizado. Aceitar o e-mail pronto dos avisos de segurança da VMware e visitar o site Security Advisories; Certifications é uma ótima maneira de ficar por dentro das vulnerabilidades mais recentes e aplicar patches em tempo hábil.

3.8 Três objectivos para a segurança informática

A indústria da segurança de dados utiliza o acrónimo CIA - *Confidencialidade, Integridade* e Acessibilidade - para orientar as escolhas de segurança de dados, o que pode ser útil para os gestores de virtualização que tentam cuidar dos seus parques de servidores.

A confidencialidade significa garantir que as pessoas certas vêem os dados certos, e nada mais. Também impede que pessoas não autorizadas vejam o que não devem. Por exemplo, um representante de vendas precisa de ver as suas folhas de vencimento e documentos fiscais, mas a pessoa ao seu lado não deve ter acesso a eles.

A integridade refere-se ao nível de confiança que é depositado na informação. Neste caso específico, a fiabilidade não tem a ver com a importância da informação, mas sim com a prevenção de que a informação seja modificada de uma forma não aprovada.

Acessibilidade significa poder obter as informações de que precisamos, quando precisamos delas. Os nossos quadros e informações devem estar acessíveis quando precisamos deles, apesar de todas as variáveis que os podem tornar inacessíveis. Isto vai desde o acesso físico, a congruência de actividades e a recuperação de falhas, até ao excesso de equipamento e à prevenção de intrusões perniciosas, como um ataque de negação de serviço (DoS).

3.9 A segurança de uma nuvem depende dos hipervisores que suportam as suas máquinas virtuais, e quão seguros são eles? Revisão do parecer

disse Napa Valley, CA: Quando algumas empresas de segurança falam sobre ameaças potenciais, elas tendem a exagerar o perigo. Quando alguém que trabalha com tecnologia de nuvem, como Matthew Garret, programador do kernel Linux e engenheiro de segurança de software sénior da Nebula, fala sobre os potenciais problemas de segurança da computação em nuvem, eu sento-me e presto atenção.

Mais conhecido por encontrar uma maneira de fazer o Linux funcionar com o Windows 8 Secure Boot, Garrett também é um especialista em segurança de baixo nível e computação em nuvem. Falando na Linux Foundation's Linux Collabration Summit, Garrett explicou que a sua maior preocupação eram os hipervisores.

Os hipervisores, como explica Dan Kusnetzky, da ZDNet, no seu livro Virtualization: A Manager's Guide, "podem executar um ou mais sistemas virtuais completos numa máquina física. Cada um destes sistemas - como o KVM do Linux, o Hyper-V da Microsoft ou o vSphere/ESXi da VMware - funciona como se tivesse controlo total do seu próprio sistema, mesmo que utilize apenas parte das capacidades de um sistema físico maior".

Estas são as máquinas virtuais (VMs) que os hipervisores geram automaticamente em servidores a pedido que utilizamos quando trabalhamos na nuvem. Sem os hipervisores modernos, a nuvem simplesmente não poderia existir.

Assim, a verdadeira questão da segurança para a computação em nuvem começa com a pergunta: "Pode confiar no hipervisor do seu fornecedor? "Pode confiar no hipervisor do seu fornecedor de serviços em nuvem?" A resposta de Garrett é "talvez".

Garrett disse: "Se olharmos para as probabilidades, temos de assumir que os hipervisores provavelmente contêm vulnerabilidades, que contêm buracos que podem ser explorados para obter acesso e permitir que os convidados invadam o hipervisor".

Já alguém encontrou uma falha deste género? Não. Existe um potencial para essa falha de segurança? Garrett diz que sim.

Digamos, por exemplo: "Está alojado na Amazon. Não faz ideia do que está a correr no mesmo hardware, não tem forma de ver os outros convidados, os serviços que estão a correr. É concebível que a sua loja de dados principal e as VMs para o seu sistema de processamento de cartões de crédito estejam no mesmo hipervisor que alguém que esteja a executar um mau servidor Web pessoal baseado em PHP. Vamos assumir que a máquina virtual deste amador é pirateada. O hipervisor deve proteger as outras máquinas convidadas de um convidado comprometido, mas e se o hacker conseguir invadir o hipervisor? Nesse caso, a sua máquina virtual convidada, que de outra forma estaria protegida e actualizada, poderia ser atacada de uma forma inesperada."

"É absolutamente certo que, se alguém comprometer um convidado no mesmo hardware que você, esse convidado comprometido não conseguirá entrar no hipervisor e, a partir daí, comprometer o seu sistema?", perguntou Garrett. A resposta é não.

E continua: "Os humanos são maus a escrever código. Deviam dizer aos vossos filhos à noite que os hipervisores são seguros, mas mesmo que tenhamos feito um bom trabalho, nenhum deles é perfeitamente seguro. Haverá bugs.

"Quando alguém acede ao hipervisor, é o fim do jogo, toda a gente pode ser comprometida", disse Garrett. "Nada disso será culpa sua, mas terá sido violado. Pode ter uma máquina virtual perfeitamente segura, mas se o hipervisor não for seguro, a sua segurança não interessa.

É por isso que, segundo Garrett, é necessário fazer algumas perguntas difíceis aos fornecedores de serviços em nuvem. Estas incluem a forma como os convidados das máquinas virtuais são isolados. Se for detectado um problema de segurança ao nível do hipervisor, como é que o fornecedor reage? Quais mecanismos são usados para detetar comprometimentos? Um provedor de nuvem pode dizer com certeza que um computador host foi fundamentalmente comprometido? E, em caso afirmativo, que ferramentas ele usará para investigar?

Estas são perguntas muito difíceis", continua Garrett, "e os fornecedores de serviços em nuvem estão extremamente relutantes em responder-lhes". A razão é simples: se duvidarmos da segurança dos hipervisores, estamos a duvidar da própria base da computação em nuvem. Por exemplo, "toda a declaração pública da Amazon sobre a segurança dos convidados é que 'o hipervisor protege os convidados para que não interfiram uns com os outros'".

Garrett está quase certo sobre a posição da Amazon em relação à segurança do hipervisor. O mais preocupante é que a declaração de segurança da Amazon Web Services (AWS) não é actualizada desde 5 de dezembro de 2008. As coisas mudaram um pouco desde então no que diz respeito a nuvens, hipervisores e segurança.

Garrett admite que "até agora não há provas de que isto tenha acontecido, mas temos de assumir que as pessoas estão à procura de dias zero para os hipervisores". A segurança dos hipervisores é difícil. Têm grandes superfícies de ataque com muitos pontos de entrada, o seu código é complicado e podem depender de um comportamento subtil da CPU".

Pior ainda, continua ele, "não temos boas práticas para verificar as violações de segurança nos hipervisores. Estamos a embarcar numa nova jornada de segurança e temos de avançar mais rapidamente. Na pior das hipóteses, toda a sua nuvem e todas as máquinas virtuais nela contidas serão tão vulneráveis como o convidado mais fraco".

3.10 QUESTÕES ADICIONAIS, RECOMENDAÇÕES E MELHORES PRÁTICAS PARA A NUVEM VIRTUALIZADA

Muitas das recomendações e das melhores práticas mencionadas acima são eficazes para ambientes de centro de dados, empresariais e de nuvem, mas a nuvem é suficientemente diferente dos outros dois ambientes para exigir protecções adicionais devido à escala, ao multilocatário e ao facto de as máquinas virtuais nem sempre permanecerem dentro do confortável perímetro físico em torno do qual pode conceber a segurança. Aqui estão alguns dos aspectos importantes a considerar:

-A segurança do hipervisor é ainda mais importante na computação em nuvem devido à escala de uma potencial violação.

-As VMs devem ser rastreadas até ao seu proprietário durante todo o seu ciclo de vida. Só devem ser instaladas em servidores que cumpram os requisitos de colocação de outras VMs e devem utilizar a marcação de VM para efeitos de rastreio.

-As VLANs devem ser usadas para isolar o tráfego da máquina virtual de um cliente para a máquina virtual de outro cliente. Para isso, as VLANs precisam ser estendidas para além da infraestrutura de comutação principal. Pode haver um problema ao dimensionar os recursos de VLAN para dar suporte a nuvens muito grandes.

-A automatização é necessária para garantir a segurança na computação em nuvem devido à sua escala. A segurança tem de ser mais bem planeada e gerida na nuvem.

-A reciclagem de endereços IP e de identificadores pode constituir um problema se for possível a um utilizador aceder aos dados de outro cliente. Deve existir um processo sólido para implementar a atribuição e a reatribuição de máquinas virtuais.

-O armazenamento central é um alvo atrativo na nuvem. A proteção e a cifragem dos dados devem ser devidamente implementadas sempre que os dados estejam em repouso, em trânsito ou a ser processados.

-Será necessário adotar normas se as aplicações tiverem de ser transferidas entre diferentes fornecedores de serviços de computação em nuvem (CSP). Isto aplica-se a dados, firewalls, máquinas virtuais e configurações de rede virtual.

-Os clientes da nuvem precisam de ter a certeza de que os seus dados são mantidos separados dos de outros clientes no armazenamento partilhado.

-Devem ser utilizadas ferramentas automatizadas de gestão do ciclo de vida para acompanhar as novas implementações. Os CSP devem também pedir aos seus clientes que limitem o número de utilizadores que podem aprovisionar máquinas virtuais.

-Devem ser utilizadas imagens de VM padrão para manter a integridade do ambiente.

-Uma VM de análise dedicada não pode ser usada na nuvem para proteger outras VMs porque não controla o hipervisor. Uma abordagem baseada em agente deve ser usada em um ambiente multilocatário.

-As chaves de encriptação do armazenamento de dados devem ser protegidas. Quando as chaves estão corretamente protegidas, as máquinas virtuais maliciosas que podem aceder aos datastores tornam-se não montáveis e ilegíveis.

-As políticas de segurança ligadas a atributos físicos, como o servidor físico, o endereço IP ou a separação física do anfitrião utilizado para o isolamento ou o endereço MAC, não fazem muito sentido na computação em nuvem. As políticas de segurança precisam de estar ligadas a atributos lógicos e não físicos. A identidade, o grupo ou a função dos utilizadores da aplicação e a sensibilidade da carga de trabalho tornam-se importantes. As políticas precisam de ser sensíveis ao contexto e adaptáveis.

-São necessárias normas para ligar toda a segurança na nuvem. Os clientes e os CSP também precisam de delinear as suas responsabilidades em matéria de segurança.

Num ambiente de Infraestrutura como Serviço, o cliente é responsável pela manutenção dos níveis de correção para todas as máquinas virtuais aprovisionadas, bem como pela configuração correcta de uma VPN após a instalação inicial.

O antigo modelo de controlo de acesso é baseado na máquina e centrado no IP. Na nuvem, o modelo deve ser baseado na pessoa e no utilizador. O controlo de acesso à rede (NAC) determina quem é o utilizador e a que tem acesso. O controlo de acesso também tem de ser dinâmico, porque os utilizadores vêm de qualquer lugar, a qualquer momento, em qualquer dispositivo e podem aceder a vários dispositivos ao mesmo tempo8.

A monitorização da prevenção da perda de dados (DLP) está a tornar-se mais importante e a impressão digital deve ser utilizada para que as ferramentas de monitorização DLP possam reconhecer os dados. Em caso de violação de uma política, devem ser implementadas medidas de quarentena e de resposta.

-A proteção e a análise de máquinas virtuais inactivas continuam a ser da responsabilidade do PSC.

-As análises completas do sistema na nuvem não devem ser utilizadas, uma vez que degradam o desempenho.

-Se o CSP o oferecer, os clientes devem utilizar recursos dedicados porque são mais seguros.

A computação em nuvem amplia as tarefas de segurança necessárias para garantir a proteção dos recursos e dos dados dos clientes. A superfície de ataque é muito maior devido à escala, e uma violação pode afetar vários clientes e os respectivos dados que confiaram ao fornecedor de serviços em nuvem.

3.11 Conclusão

Os sistemas de informação actuais estão repletos de vulnerabilidades. A computação em nuvem não é exceção. Infelizmente, a computação em nuvem não pode ser considerada fiável.

O facto de o ataque poder afetar o canal de dados e o sistema operativo mostra que tem havido uma série de ataques ao hipervisor, ou seja, baseados na estrutura de computação em nuvem. Estes ataques desenvolveram-se com o crescente interesse pela virtualização. O nosso estudo demonstrou que o sistema de virtualização não cumpre todos os critérios de segurança. No entanto, ao utilizar uma série de métodos e meios de proteção da informação, podemos dizer que praticamente eliminámos o risco de fuga, dano ou destruição de informação.

Atualmente, todas as empresas utilizam uma infraestrutura heterogénea para as suas várias tarefas. Cada uma utiliza uma combinação diferente de serviços, infra-estruturas e plataformas para as suas operações e prestação de serviços. Por vezes, são necessárias várias combinações destas tecnologias, e é aí que entra a virtualização. Há muitos factores a considerar na virtualização, como os requisitos de armazenamento, a capacidade de processamento e a dimensão dos clusters de clientes. Olhando para as tendências recentes da tecnologia TI, podemos afirmar com segurança que a computação em nuvem assenta fortemente (mas não completamente) na virtualização. Esta tecnologia, utilizada em todo o mundo, levanta uma questão séria. A tecnologia de virtualização é realmente segura ou estamos apenas a assumir que o é? Dependendo da arquitetura da nuvem, a segurança da virtualização pode conduzir diretamente à segurança da nuvem. Um comunicado de imprensa da Gartner (uma empresa de investigação e consultoria em TI), intitulado "60% dos servidores virtualizados serão menos seguros do que os servidores físicos que substituem até 2012". Podemos, portanto, dizer que a virtualização é bastante vulnerável (fraca) a certos tipos de ataques. A probabilidade de uma fuga de informação é elevada. Na nossa investigação, tentaremos atribuir os principais ataques a um hipervisor e desenvolveremos métodos e contra-ataques a esses ataques.

Examinámos a estrutura interna do hipervisor. Organização da interação entre a partição-mãe e as máquinas virtuais. Uma questão importante aqui é a atribuição de memória a uma máquina virtual. Esta "fuga" de memória de uma máquina virtual para outra conduz ao "roubo" de dados confidenciais.

O segundo ponto fraco da virtualização reside nas possíveis vulnerabilidades na transmissão de dados entre periféricos e processos entre as máquinas virtuais e a partição principal. Esta troca de informações deve ser escondida de processos indiscretos alojados na mesma máquina. Para isso, use uma conexão VPN entre o processo externo e a máquina virtual. No entanto, ao utilizar vulnerabilidades conhecidas nesta transferência, podemos aceder às informações que circulam no interior da máquina virtual, e a nossa recomendação foi utilizar o Hyper-V devido ao seu mecanismo de transmissão de dados.

Referência

Virtualização do Windows 8: criação do Hyper-V - free La
Acesso: http://www.ixbt.com/soft/windows-8-hyper-v.shtml
Do site da Microsoft . Descrição do Hyper - o V - o acesso livre: https://msdn.microsoft.com/en-us/library/cc768520(v=bts.10).aspx
Site Habrahabr . Descrição do Hyper - V - acesso livre: https: // habrahabr . De Ru / post / 98580 /
Protocolo de descrição GRE e NVGRE - grátis O
Acesso: https://tools.ietf.org/html/draft-sridharan-virtualization-nvgre-00
O Microsoft Virtualization Solutions 'of The' Understanding (of Second Edition is is) / the Microsoft / 2010 g .
Hipervisores de virtualização Sobre. Sítio Web da IBM - gratuito O hipervisor
Acesso: http://www.ibm.com/developerworks/ru/library/cl-hypervisorcompare/
Basil Malanin , gerente de produtos do Center the Data , o
Microsoft / "Uma análise das soluções de virtualização da Microsoft" - a TechNet
Morozov de Dmitry, especialista em soluções para centros de dados, o
Microsoft / "gestão de infra-estruturas físicas e virtuais" - a TechNet
Virtualização de vSphere , Hyper - V , XenServer e Red Hat's - acesso livre:http://www.vmgu.ru/articles/Virtualnie-mashini-doma-iv- biznese
Ensino de Filosofia: "ESTRUTURAS DE REDES: Virtualização e adaptação na sociedade moderna" Editora: Secção Siberiana da Academia Russa de Ciências (Novosibirsk)
https://www.business.att.com/content/whitepaper/WP_Virt_16501_v4_7-11-08.pdf
https://www.ibm.com/developerworks/aix/library/au-virtualizationagile/
https://habrahabr.ru/post/98580/
https://msdn.microsoft.com/en-us/library/cc768520(v=bts.10).aspx
https://technet.microsoft.com/en-us/library/hh750394.aspx
https://tools.ietf.org/html/draft-sridharan-virtualization-nvgre-00
http://searchservervirtualization.techtarget.com/essentialguide/How-to-choose-the-o melhor hardware para virtualização#guideSection2

"Lições aprendidas em oito anos de rutura com os hipervisores" - RAFAL WOJTCZUK

"Ataque a hipervisores através de firmware e hardware" - Mikhail Gorobets, Oleksandr Bazhaniuk, Alex Matrosov, Andrew Furtak, Yuriy Bulygin

"Detalhes técnicos da vulnerabilidade no script de arranque de recuperação S3" - Intel Security

"Segurança da virtualização: piratear o VMware com o VASTO" - INFOSEC INSTITUTE

http://searchservervirtualization.techtarget.com/tip/Hypervisors-have-limits-What-não virtualizar

https://blogs.msdn.microsoft.com/b8/2011/09/07/bringing-hyper-v-to-windows-8
http://www.zdnet.com/article/hypervisors-the-clouds-potential-security-achilles-heel/
http://www.zdnet.com/meet-the-team/us/larry-dignan/
http://www.securityweek.com/black-hat-mind-your-hypervisors-says-security-investigador
http://www.vmware.com/pdf/virtualization.pdf
NoHype : Infraestrutura virtualizada em nuvem sem a virtualização. E. Keller, J. Szefer, J. Rexford, R. Lee. ISCA 2010.
Execução segura de máquinas virtuais sob um sistema operativo de gestão não fiável. C. Li, A. Raghunathan, N.K. Jha. IEEE CLOUD, 2010.
Introdução às tecnologias de virtualização e computação em nuvem para suporte à computação em grade. I.M. Lorente. EGEE08.
http://searchvmware.techtarget.com/feature
https://nmap.org/book/man.html
http://www.thegeekstuff.com/2014/01/virtualizationintro/?utm_source=tuicool
No seu livro *Exploring IBM's New-Age Mainframes*, John Young descreve o sistema operativo RS/6000 SP da seguinte forma
http://pubs.vmware.com/Release_Notes/en/fusion/8/fusion-81-release-notes.html
https://www.vmware.com/support/ws/doc/workstation-1112-release-notes.html
http://www.vce.com/products/foundations/security/ecosystem/vulnerability-classificação
http://www.ibm.com/developerworks/library/se-assess-vulnerability-enterprise-aplicações-network-trs/index.html
https://blogs.technet.microsoft.com/chenley/2011/02/09/hypervisors/

MIX
Papier aus verantwortungsvollen Quellen
Paper from responsible sources
FSC® C105338

Printed by Books on Demand GmbH, Norderstedt / Germany